本音を見抜く心理学

PSYCHOLOGY : See Through HONNE

[illegible]藤 勇 監修

はじめに

　いくら「完璧に隠そう」と思っていても、人の本音はちょっとしたしぐさや行動、表情、言葉の端に表れるもの。そういった無意識に出る他人の「本音」を読み取れれば、相手とのコミュニケーションはもっとスムーズになるでしょう。人の心の動きを捉えることができれば、相手の気持ちに対処するだけでなく、その気持ちをコントロールすることも不可能ではありません。

　本書では、そんな気付かないうちに出てしまう「心のサイン」や、相手の気持ちを動かす心理テクニックを紹介します。もちろん、相手の心理操作に惑わされない「対策」として応用することもできるでしょう。

「第1章しぐさで見抜く心理学」では、「腕を組む」「口元に手を当てる」といった普段の何気ないしぐさから、相手の心理状態に気付くコツを紹介します。単なるくせだと思っていたしぐさにも、思いもよらないメッセージが隠れているかもしれません。相手の本音を見抜くことができれば、相手の心境に応じたよりよい対応ができるでしょう。

「第2章相手の気持ちを掴む心理学」では、自分のしぐさや言葉が相手の心理にどんな影響を及ぼすのかを解説。自分では気付いていない小さなくせが、相手との壁を作っているかもしれません。普段の行動を見直すことで、心理的な距離をぐんと縮めることができるのです。

「第3章ビジネスで役立つ心理学」では、仕事のさまざまな場面で生かせる心理テクニックを紹介します。上司や同僚の性格や心理状況を理解したり、取引先とのやりとりで交渉術を利用したり、心理学はビジネスの場でも大きな助けになるでしょう。

「心理学」という言葉を聞くと、少し敷居が高いイメージを持たれるかもしれません。しかし、私たちの身近なところで心理学のテクニックは利用されているのです。本書で紹介する相手の心理を読み、心を動かすテクニックをうまく使うことができれば、自分だけでなく、家族や職場の同僚など、自分の「周りの人たち」にも利益になる、よりよい人間関係を築くことに繋がるでしょう。

漫画「人間関係も仕事もうまくいく！　相手の本音がわかる極意」

ビー
はい、今このミーティングで一番発言しているのは誰ですか？
佐藤さんです
正解！
私には最初から見えてますなぜかわかる？
……？？
それは座っている席に深層心理が表れてるから
佐藤さんが今座っているいわゆるお誕生日席
ここは全員から注目されやすくリーダーシップを示したいあらわれ
図星!!
ズバリ

次はこの場面 千葉さんに山口さんが飲みにいこうと誘われている
ビー
ねえ今度飲みに行こうよ いい店見つけたんだ
いいですねー 行きたいです〜
山口さんの様子はどう？
行きたいって言ってますね
楽しみそうですけど
一見そう見えるね！
でもこれは後日の様子
ビー
この前千葉さんにしつこく飲みに誘われてさあ、行きたくないけど行くしかないよね〜
ガーン
はい、でも実はサインは出てました！

映像を遡って、山口さんが誘われているところを観察してみましょう
ビー
ビー
ねぇ今度飲みに行こうよ いい店見つけたんだ
いいですねー行きたいです～
あっ、足元がなんか変です！
ほんとだ、変な方向向いてる！
そう！つま先が千葉さんとは逆の方向を向いているでしょ！
足元は無意識に動くので、ここに本音が出やすい 千葉さんと反対を向いているということは、その場から離れたいと思っているあらわれなんだ
ほかにも例えば
『別に』が口癖の石井さん
ズバリ
言いたいことがあるのに我慢している
別に
別に
課長のこの顔威圧感があるのに言葉では
よいと思う
と言う癖は部下に威圧感を与えているよ！

自信がない大木さんには
結果を褒めるより仕事ぶりを褒めたほうがいい
そうだったのか
…というこれらのことを
皆さんはご存知でしたか？
知らなかった…！
どよっ…
すごい…すごいぞ心理学！
そんなみなさんに隠された相手の本音がわかるような心理学の極意をわたしがお教えしましょう！
これを学べば、仕事もプライベートもうまくいって部署の空気もガラッとよくなりますよ！
おー！
ついでに部長もデスクの散らかりは心の散らかりと一緒だから、片付けようねっ
ポン
テヘ

CONTENTS

第2章 相手の気持ちを掴む心理学

第3章 ビジネスで役立つ心理学

CONTENTS

知っておきたい心理学

心理学とはなんだろう？

そもそも「心理学」とはどういった学問でしょうか。大きくいえば、人の心、考え、感じ、行動する力とそのメカニズムを解明する学問です。心理学は対象が心という人間のもっとも身近なもののため、さまざまな視点での研究が進められています。極めて多様で幅のある学問なのです。

心理学は大きく、「基礎心理学」と「応用心理学」に分類できます。心理学の根幹となる現象を研究するのが基礎心理学です。心についての理論を作り、心の現象を説明できるようにするのを目標としています。一方、悩みを持った人を助けるような、実際に役立つ知見を作り出すのが応用心理学の目標です。それが教育の場であれば教育心理学、スポーツに関することならスポーツ心理学とさまざまな領域で心理学の基礎が活用されていきます。

科学技術や社会情勢が変化するたび、人の心はその変化とどう向き合うかという問題に晒されます。そして、そのたびに心理学の研究領域は広く、より詳細になっていくのです。

心理学

応用心理学

集団のなかにいる個人に視点を置いて実際の問題に役立てる能力を身につけます。

- 臨床心理学
- 教育心理学
- 家族心理学
- スポーツ心理学

など

基礎心理学

心理学の一般法則を研究します。主に人間の集団に視点を置いた学問です。

- 社会心理学
- 発達心理学
- 知覚心理学
- 学習心理学

など

第1章

しぐさで見抜く心理学

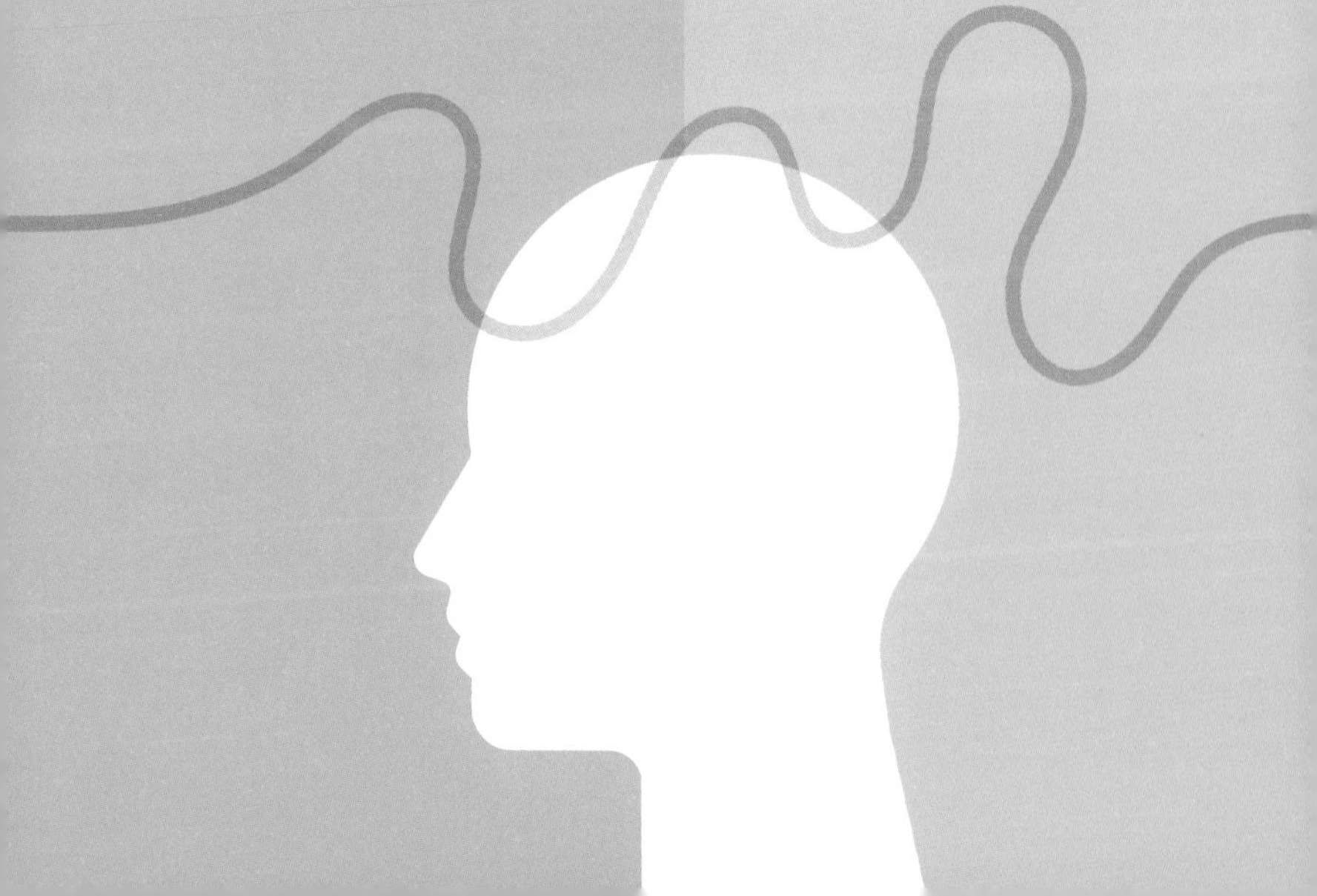

1

しぐさで見抜く心理学

「魅力的な人」かどうかはしぐさで決まる

心理学が現在の形になるまでに、「心」を捉えるためのさまざまなアプローチが生まれました。その中のひとつに、心理学は目に見えない「意識」ではなく、観察することができる「行動」を中心に研究したほうがいい、という考え方があります。これを「行動心理学」といい、人の行動を手がかりに、隠されている「心理」を探ろうというものです。

「何を考えているかわからない」というふうに、人を非難することがあります。しかし、他人が何を考えているかわからないのは当たり前のこと。人は思ったことをそのまま口にするわけではありません。「そのまま伝えたら相手はどう思うか」「嫌がられないか」など、いろいろ考え、本音をある程度隠して発言していることがほとんどで、思っていることと言葉にしたことがイコールとは限らないのです。本当の気持ちがわからない以上、私たちは「言葉以外の情報」から相手の本音を推測するしかありません。

　第1章では、言葉以外の相手の行動＝「しぐさ」から、本音を見抜く方法を説明します。しぐさがいかに大切かは次のようなことからもわかります。にこやかに抑揚をつけて話す人と、ボソボソと小さな声で無表情に話す人。どちらの言葉に耳を傾けるかは一目瞭然でしょう。言葉以外の情報で、他人に対する印象は大きく変わるのです。

　他人と良好な関係を築くためには、相手を理解することが重要です。言葉だけでなく、表情、言葉の間、体の動きなどをよく観察することで、他人を理解するスキルは格段に向上します。また、自分に好印象を持ってもらいたい、他人にわかってもらいたいと思うなら、言葉以外の情報発信を心がけることが大切。「しぐさ」が意味することを理解することでコミュニケーションスキルが向上します。

人の心理はこんなところから読み取れる

しぐさ

手足の動きは細かな感情の変化を知る大きな手がかりになります

表情

笑い方ひとつ取っても、さまざまな深層心理が反映されています

目の動き

視線の位置や動かし方に注目してみましょう

外見

好みの色やファッションからも性格などが読み取れます

口調

間の開け方や口ぐせはその人の心理状態を知る大きな手がかりに

ジェスチャー

しぐさのパターンは深層心理を知るポイントになります

行動心理学の観察のポイント

相手のおかれている環境にも注目しよう！

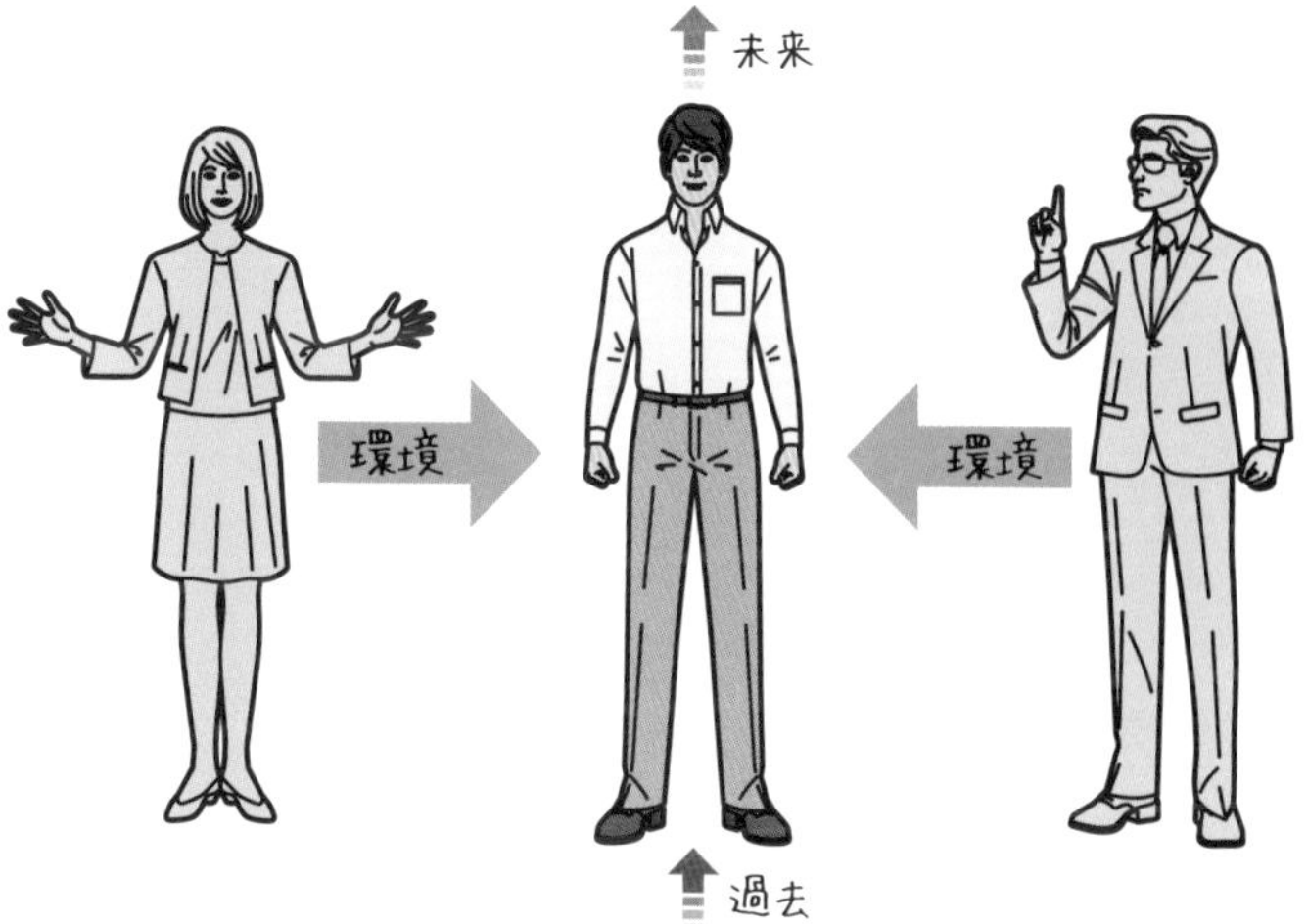

行動ひとつだけを切り取るのではなく、人がどのような環境におかれているのか、日常でどのように他人と関わっているのかを考えます。また、相手の過去や未来について考えることでも、その人がどうしてそういった行動パターンになるかが見えてくるでしょう。

体の動きは口ほどに物を言う

しぐさに注目すれば相手の本音がわかります。

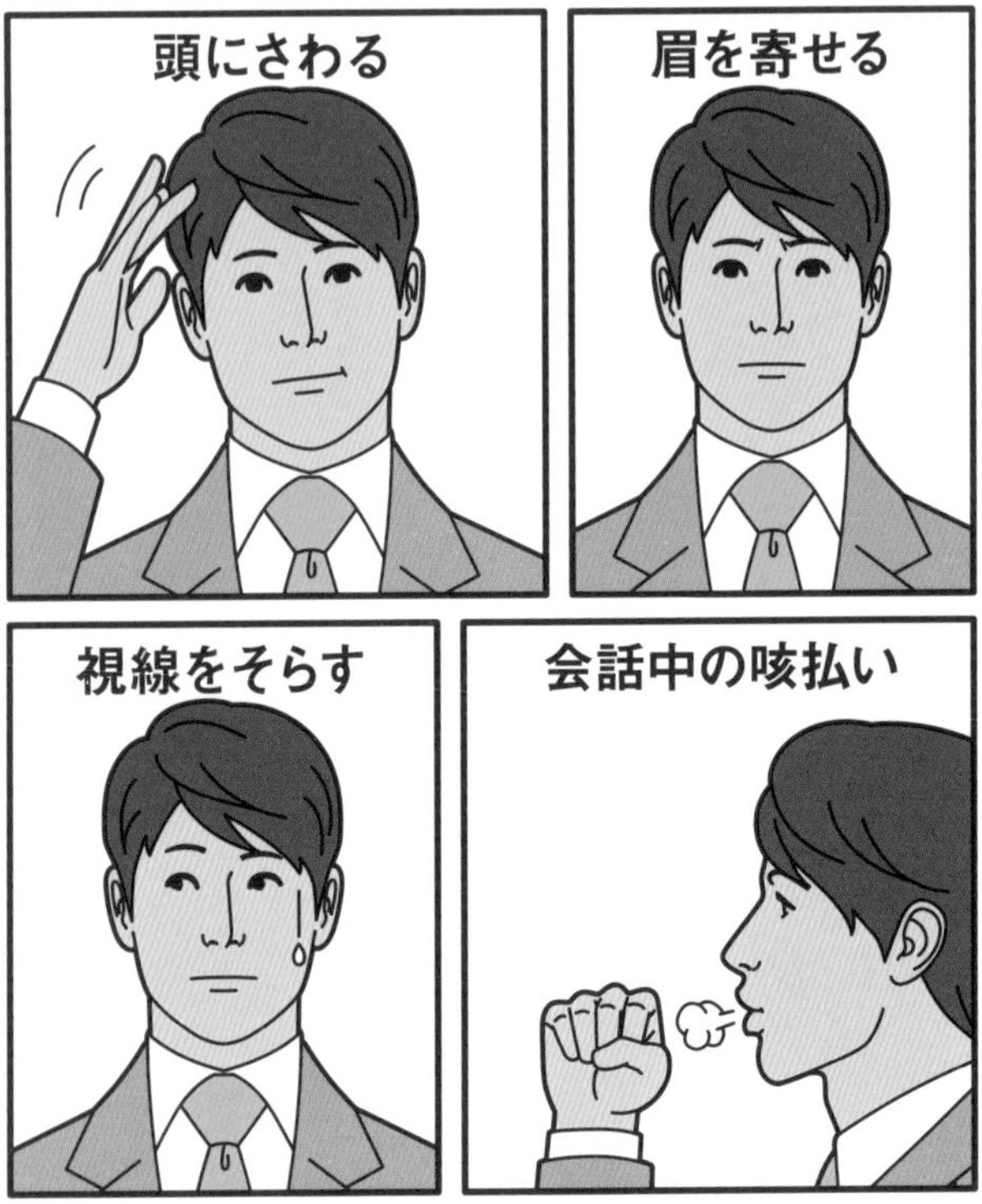
頭にさわる
眉を寄せる
視線をそらす
会話中の咳払い

会話中によく見られるこれらの動作は

言葉以外で気持ちを伝える
非言語コミュニケーション

① パーソナルスペース
② ジェスチャー
③ 体の特徴
④ 言葉以外の声
⑤ 接触
⑥ 身なり
⑦ 周りの環境

① 男女で違う相手との距離

パーソナルスペース

女性は狭い空間などで一緒に行動すると互いに好感を持つ傾向があります。

男性は相手との距離が近すぎると不快感をもつので、距離を置いた関係を好みます。

② 本当の感情を表すのは体の動き

ジェスチャー

言葉の意味を強めたり、反対に隠したい本音が表れることも。

首を守る

腕を組む

口を覆う

表情

感情を最も強く表します。
不自然な表情は嘘を見抜く手がかりに。

喜

怒

驚

哀

目の動き

相手の興味や関心が
伝わりやすい動作です。

視線

まばたき

見つめる時間

瞳孔

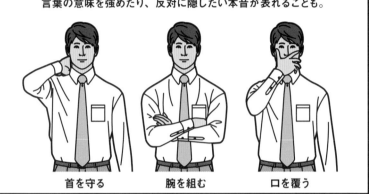

印象を操作する決め手

③ 体の特徴
体格、体臭、髪型など
⑤ 接触
握手、頭を撫でる、挨拶など
④ 言葉以外の声
声の質、会話のよどみ、笑い、あくびなど
⑥ 身なり
服装、香水、化粧品、アクセサリーなど
⑦ 周りの環境
室内装飾、におい、温度、騒音など

「人は見た目が８割」といいます。第一印象の決め手になるのは言葉以外の情報。身なりや自分の仕草に気をつければ、相手の気持ちを操作することもできます。

目がよく合ってもあなたが好きとは限らない

好かれているつもりが、実は警戒されているのかも。

好意と敵意のアイコンタクト

人はアイコンタクトを続ける相手に対して安心感や快適さを感じます。実際に相手に好意を抱いている場合、無意識にアイコンタクトは増え、ときには意識していることを伝えるために、わざと相手をよく見つめるようにもなります。しかし一方で、相手に強い脅威を感じる場合にもアイコンタクトは増加します。目を離すと攻撃されるかもしれない、という防衛本能が働くからです。

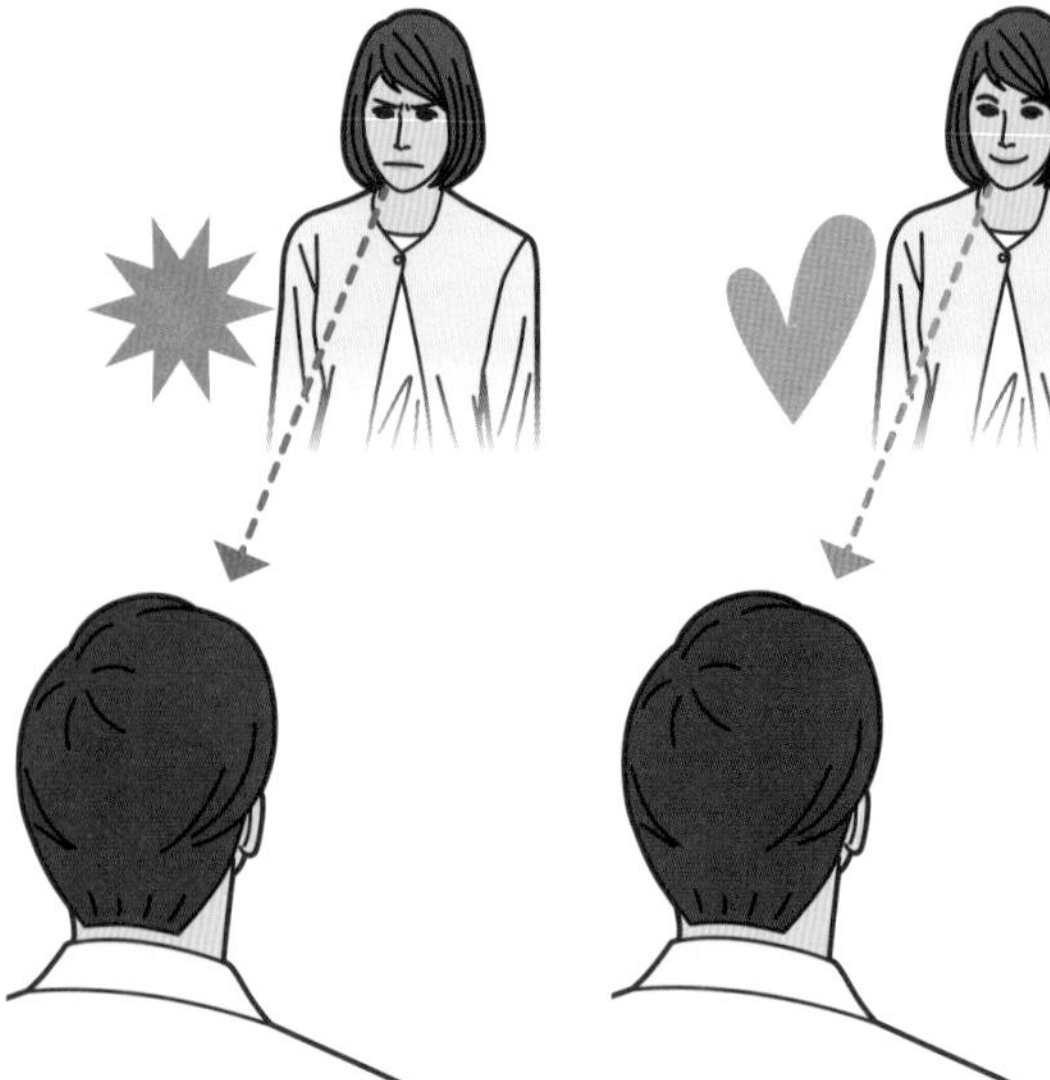

アイコンタクトの量と感情

好意にしても敵意にしても、その感情が強いほどアイコンタクトの量は増えます。熱愛中のカップルと冷めたカップルの会話を見比べると、会話中のアイコンタクト量が熱愛中のカップルのほうが多いという心理実験結果があります。お互いが敵意を持っている場合でも同様に、どちらも譲る気がない拮抗した状態であるほど、相手から目をそらす行動をしにくくなります。

アイコンタクトのパターン4種

心理学者のナップは、人が誰かにアイコンタクトをとろうと凝視するときの心理として、大きく4つのパターンに分類できると述べています。

① フィードバックを求める

自分の話や行動について相手の反応を引き出したいときにアイコンタクトをはかります。例として、学校で教師が一通り説明をしたあとに教室を見渡し「わかった?」という意味で生徒の顔を見るなどが挙げられます。

② 連絡をとりたい

相手に何か伝えたいことがある場合も、その意思を伝えようとアイコンタクトは増えます。言い難いことがあるとき、口には出さなくとも、相手を見つめる動作は「伝えなくてはいけない」という気持ちの表れです。

③ 好意を示す

好意を持っている相手には意識的にも無意識的にもアイコンタクトが増加します。互いに好意を持っている場合は見つめ合う形になり、更にアイコンタクト量が増えます。

④ 敵意を示す

相手を警戒し、目が離せないという状況です。自分に害を及ぼす恐れのある相手に対してはアイコンタクトが増える傾向があります。

「言葉」より「表情」は世界の共通語

言葉の通じない相手でも、表情から気持ちを知ることができます。

人の気持ちは顔でわかる？

人間は表情を作る筋肉である「表情筋」がほかの動物と比べ発達しているため、複雑で多様な表情を作ることができます。そのため、表情から感情を推測しやすいのです。

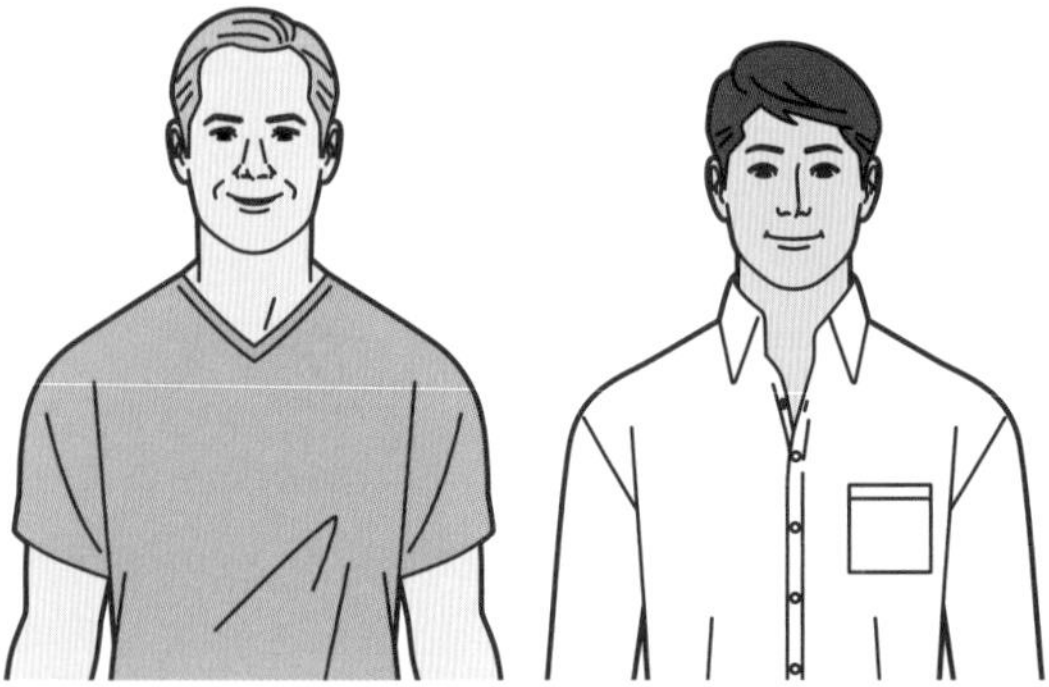

怒りや喜びといった感情を持ったときに、どんな表情をするか、相手の表情からどんな感情を読み取るかという「表情判断」は、文化や言語の違う人々の間でも共通です。

相手が何を言っていることがわからなくても、表情から気持ちを読み取り最低限のコミュニケーションを取ることができます。

表情の基本6種類の特徴

① 怒り

顔全体が硬直します。両眉は逆ハの字型に、眉間には深い縦皺ができます。

② 恐怖

緊張して震えたようになります。両眉が中央に寄って眉間が狭くなり、間に縦皺ができます。

③ 喜び

唇の両端が上に引っ張られます。頬が上がるため、下まぶたに皺ができます。

④ 悲しみ

両眉が中央に引き上げられ、目は伏し目がちになります。ときに唇が震える場合も。

⑤ 驚き

眉の両端が上がり、高くなります。目は大きく開き白目が見えます。

⑥ 嫌悪

上下唇が上がり、上唇が押し上げられます。鼻に皺が寄り、頬が上がります。

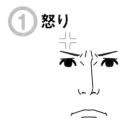

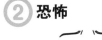

座った席で性格がわかる！

席の選び方ひとつにも、深層心理が表れます。人それぞれの「座りやすい席」でその人の性格がわかります。

角の席

グループに参加したくない、もしくは疎外感を感じている人は角の席を選びます。

席がリーダーシップを作る

逆に、座った席によってその人の気持ちに変化が見られることもあります。全員から注目されやすい「お誕生日席」に座ると引っ込み思案の人でもまとめ役として発言数が増えます。反対に、普段はリーダー気質の人でも、声が届きにくい角の席になると意見を出す量が減り、傍観者になる傾向があります。

お誕生日席

リーダーシップを示したい人は、座っている人全員を見渡せる「お誕生日席」を選びます。

真ん中の席

協調性の高いタイプの人は中央の席に座ります。他のメンバーに対するまんべんない関心を表しています。

角テーブル？丸テーブル？

テーブルの形によっても座る人の心理に微妙な変化が生まれます。角テーブルはリーダーシップを発揮しやすいので話がまとまりやすく、丸テーブルは上座が作りにくいことから公平感が生まれ、意見交換が活発になります。

緊張や隠し事がある人は唇を触りたがる

和やかな雰囲気に思えても、実は相手は緊張を隠しているのかもしれません。

接触動作

人は不安や緊張を感じると、それを和らげようと無意識に体の一部に触れるしぐさが増えます。この「接触動作」は、緊張の度合いや種類を知る手がかりになります。

唇に触れる

緊張したときに表れやすいしぐさです。

手を当てる

手で口元を隠す

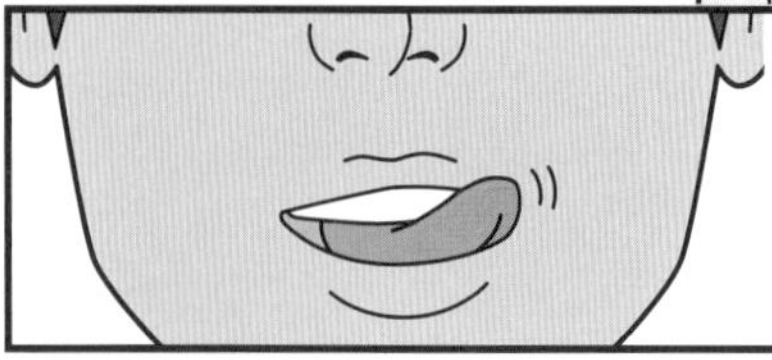

失敗できない作業中などに唇をなめるのは、不安や緊張を和らげるための接触動作です。

腕組み

不安を感じたときに表れやすいしぐさです。

背中が丸まる

二の腕を掴む

他にも腕時計をいじる、鞄を体の前で抱える行動も、不安を感じているときに起こる動作です。

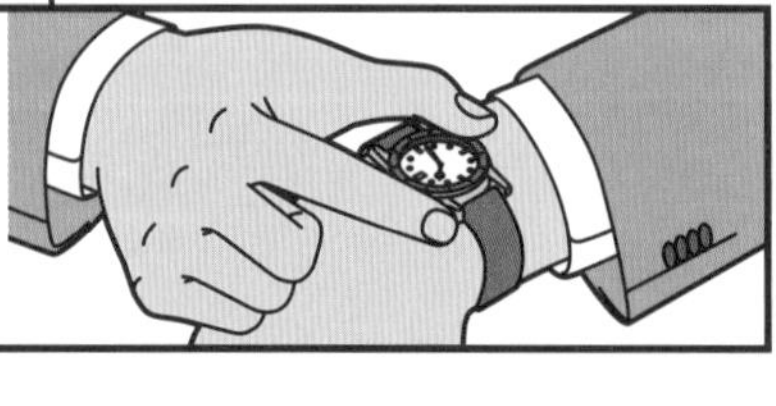

隠し事があるときに唇に触る

感情を表に出したくない、隠したいことがあるときは、口元を隠す動作が増えます。ほかにも、唇を噛んだり、なめるといったしぐさも「隠す」行動といえるでしょう。

人と距離を取りたいときに腕を組む

腕組みは相手と関わりたくない、距離をとりたいという拒絶の感情を表すしぐさのひとつです。特に二の腕を掴んだ組み方は強い不安を感じているしぐさなので、注意が必要です。

考え事をしているときにも……

唇に触る、腕組みをする動作は考え事をしているときにもよく見られます。これも同じように緊張を和らげようとしているのです。

つま先が自分に向いていなければ帰りたいサイン

無意識に動く足元は相手の本音を見抜くポイントです。

つま先の方向

手と同じように、足も無意識のうちに人の本音を表しやすい部位です。つま先の方向はその人の好意や関心を示します。一見楽しそうに話していても、相手と反対の方向や出口に向っているなら、その人はその場から離れたいと感じているのです。

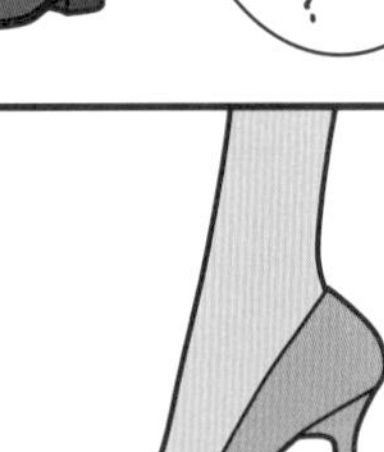

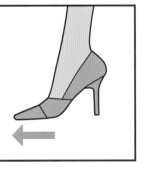

心理を伝える立ち方・座り方

身体動作は表情よりも意識されにくいため、本心が表れやすいポイントです。特に足元は注意がおろそかになりやすい部分といわれています。

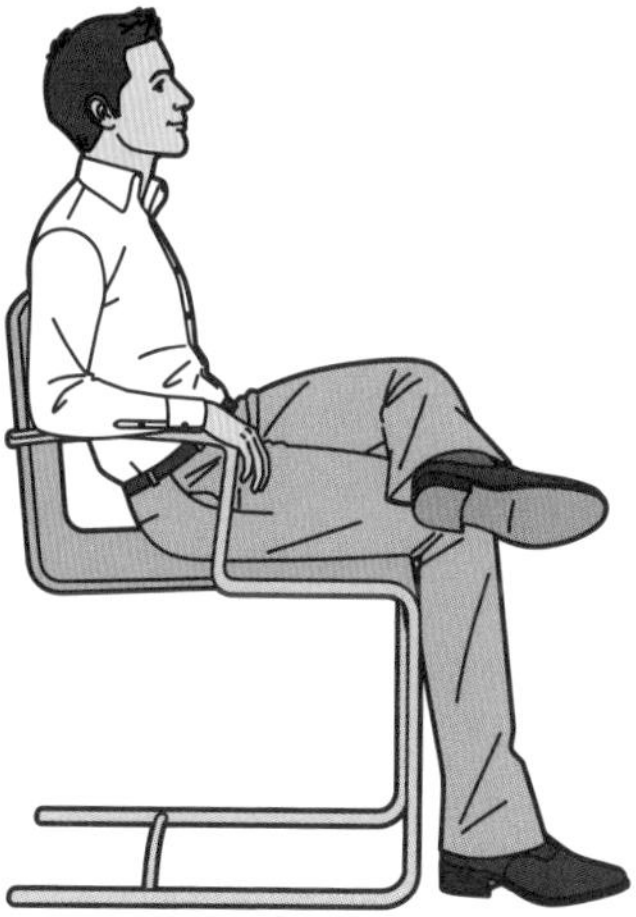

膝に片足を乗せて座る

膝に足首を乗せる座り方は、自己顕示欲が強い人に多く見られます。自分を大きくアピールしたい気持ちの表れです。

脚を組んで座る

脚を接触させる脚組みの姿勢は不安を抱えているときに表れやすい座り方です。完璧主義の人に多い姿勢です。

直立不動

「気をつけ」の姿勢は「従順」を表します。上司にアピールしたい人は特別なときでなくともこの姿勢を取りがちになります。

寄りかかって座る

椅子に寄りかかり脚を前に投げ出すのは退屈のサイン。同様に、脚を頻繁に組み替える動作も飽きているときによく見られます。

脚を広げて座る

一見えらそうに見えるこの姿勢は、自分のなわばりを確保したい気持ちの表れ。不安を感じている人に多い座り方です。

脚を広げて立つ

両足を広げ踏ん張る姿勢は「強さ」のアピールです。相手に対抗心を持つ場合によく見られます。

「すみません」が口癖の人は依存気質

すぐ謝ってしまうのは自信のなさの表れです。

「ありがとう」という場面で「すみません」を使ったり、本人に原因がないときでもすぐに「すみません」と謝る人がいます。これは自分を卑下する様子を見せることで、相手に取り入ろうとする迎合行動の一種。自分に自信がなく、常に誰かと一緒に行動したいというタイプの人に多く見られます。

よく聞く口癖で相手がわかる

口癖は無意識に発せられるため、潜在的な本音が隠れていることがあります。

別に…

言いたいことがあるのに我慢しています。言っても無駄だと諦めていて、このフレーズをよく使う人は欲求不満傾向にあります。

ふつうは、一般的には、

自信がないため、自分の意見を明確にすることを避けている一言。考えるのが面倒と思っている場合も。

だからー

自分の意見に絶対の自信があるタイプの人がよく使います。自己主張が強く、相手にも自分が正しいのだと思ってもらいたい願望があります。

要は、要するに、

話を結論に持っていくこの一言は、仕切りたがりの人がよく使います。1回の会話で何度もこれを使うなら、単に自己中心的な人ともいえるでしょう。

1

自己アピールの強い人ほどできる自信はない

自信がないからこそ、大きな態度をとっているのかもしれません。

自分の能力を低く感じている人ほど
自己アピールを大事にする

▼

「うぬぼれ」「不誠実な人」と思われがち

アピールの方法は人によって変わる

模範行動

「立派な人」と思われるように、自己犠牲的な行動をしたり、献身的努力をする。

謙遜

わざと自分の力を低くアピールして、否定的な印象を避ける。

哀願

自分を弱い存在としてアピールして、相手の「弱者を助けるべき」という気持ちに訴えかける。

威嚇

相手に恐怖感を抱かせることで、自分の要求を認めさせる。

その他、こんなアピールも…

自己奉仕帰属

良い結果には自分を関連付けた言葉を使い、悪い結果には自分とのつながりを感じさせない表現を使う。

釈明

自分のイメージが傷付くのを防ぐために「こんなつもりじゃなかった」と、自分の責任を弱めようとする。

「おれが！」「どうせ」。口癖からわかるタイプ

人との距離の取り方から、その人の性格がわかります。

カレン・ホーナイの性格分類とは？

アメリカの精神分析家カレン・ホーナイが提唱した、対人関係における距離のとり方から３つのタイプに分類した性格分類のこと。不安から自分をどう守るか、自分の欲求を満たすためにどういった行動をするか、などに特徴が表れます。

自己拡大的支配型

自分が優秀であることに誇りを持ち、自己主張を重要視するタイプ。積極的に人と関わり、自分の欲求を満たそうとします。

- 積極的に行動する。
- 自慢話が多い。

言いがちフレーズ「私が」「俺が」

自己制限的あきらめ型

自分の人生に対して無関心で、何かを期待しても無駄と諦めています。自分の内側に引きこもるタイプです。

- 競争を避ける。
- 人と関わろうとしない。

言いがちフレーズ「どうせ」

自己収縮的依存型

なるべく目立たず、周囲と同じであろうとします。誰かの意見に同調したり、相手を手伝うことで自分を安定させるタイプです。

- 協調性がある。
- 他人にすぐ影響される。

言いがちフレーズ「皆と同じで」

目立ちたがり屋の人ほど大きくサインする

ユニークさは「特別がいい」という本人の気持ちから生まれます。

独自性欲求って?

人は誰でも「他者とは違うユニークな存在でありたい」という欲求を持っています。

レストランなどで、前の人が頼んだものと違うものを選ぶことがありますが、これも独自性欲求の表れの1つです。

独自性欲求が強い人は、男女に関わらず自分の名前を大きく書く傾向があります。

こんな人は「個性的」が嬉しいタイプ？

マイナー球団を応援している

地元というわけでもないのに、マイナーな野球チームを応援している人は独自性欲求が強いタイプであることが多いです。常勝球団の「アンチ」も同じタイプかもしれません。

マイナーなクラブ活動をしている

聞き慣れないマイナースポーツや音楽にハマっている人が友人の中に１人はいるものですが、そういった「誰も知らない」趣味を持つ人も独自性欲求が高い傾向があります。

男性のほうが女性より個性にこだわる

アメリカでは男女による独自性欲求の差は見られませんが、日本での調査では、男性のほうが女性よりも独自性欲求が高いという結果が出ています。

流行ファッションが好きな人は実は自信がない

自信家なイメージのあの人も、実は傷つきやすい性格かも。

身体像境界って？

自分の体について持っているイメージと外界との境界線のことを「身体像境界」といいます。自分の体と外界の境界があいまいになると、自分の中に異物が入るような不快感や、体内のものが外に出て行ってしまうような不安感を持ちやすくなります。身体像境界は個室や自動車などの仕切られた空間に入る、肌をさする、他人との間に物理的な距離をとる、服装や化粧を変えるといった方法で強化することができます。

身体像境界が広くて強い

流行に左右されず服装の好みがはっきりしています。自分自身を肯定的に捉えることができるので、自分の容姿に気になる部分があっても、不安を持たず自信を持って行動できます。

- 自分を肯定的に捉える
- 他人に左右されない

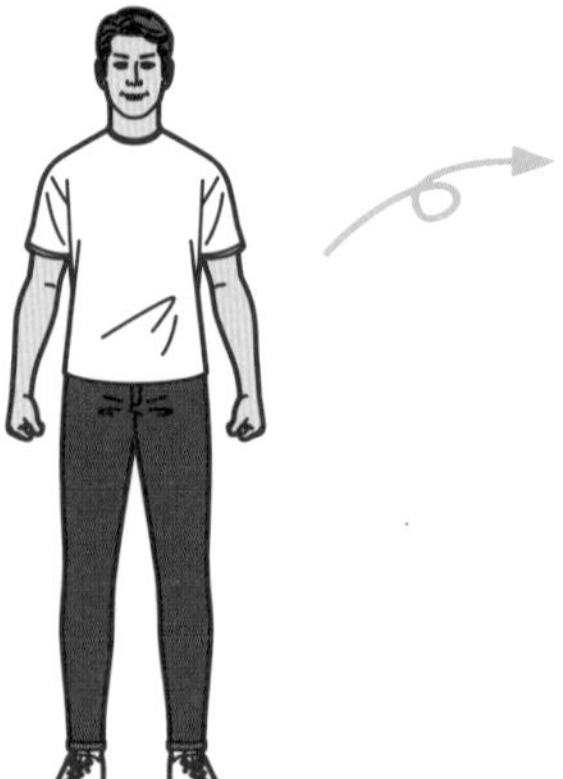

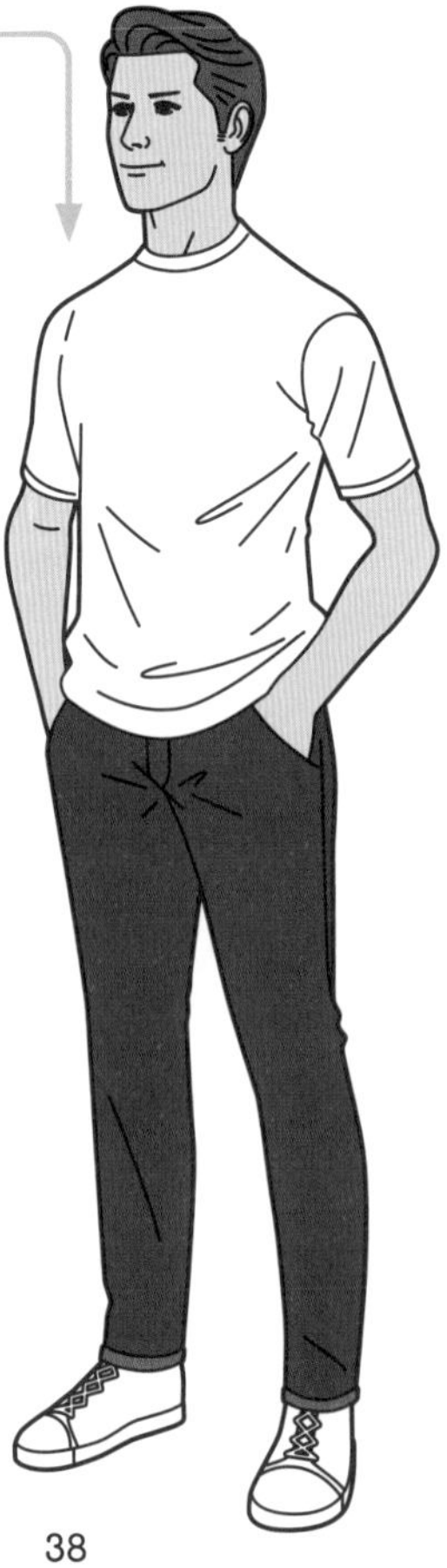

アクセサリーを沢山つける人は見栄っぱり？

目立つアクセサリーをつけるのは、自分を実際よりもよく見せたいという自信のなさの表れ。特にゴールドを好む人は「自分を高級に見せたい」という上昇志向が強い傾向があります。内面の不安を外見を強化することでカバーする、見栄っぱりな人といえるかもしれません。

身体像境界が狭くて弱い

傷つきやすく、自分に自信がありません。実は派手な服装は不安感を解消するために身につけられることがほとんどです。服は自分の「身体像境界」を強める働きがあり、強い不安を持つ人ほど最新流行のファッションを好むのです。

- 不安感が強く傷つきやすい
- 流行に左右されやすい

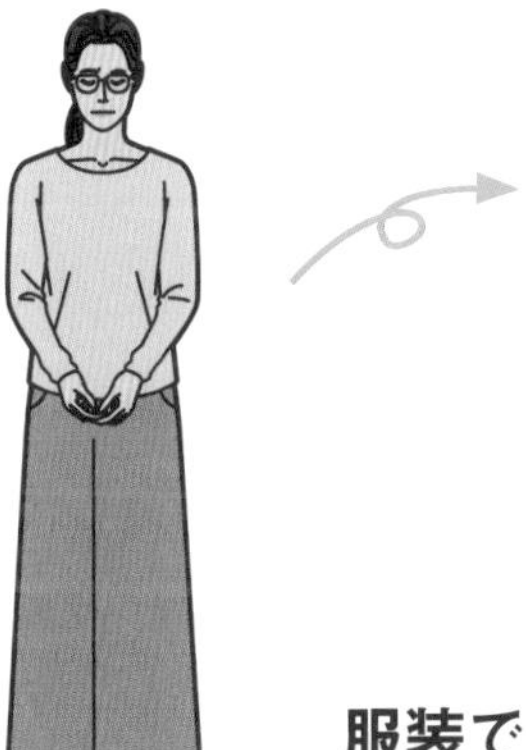

メイクアップ用品好きな人ほど陽キャラ

化粧との付き合い方は人付き合いを写す鏡です。

化粧に積極的な人ほど自分に自信があり、心理的に安定しています

流行に敏感なため、高い観察力も持っています。

個性を重視する傾向にあるので、他者を尊重できます。

社会への適応力が高い

化粧品のラインナップで性格がわかる

メイクアップ用品が多い

外向性が高く、外での活動に生きがいを感じるタイプです。

基礎化粧品が多い

外向性は低めですが、家族とのコミュニケーションや家事を大事にするタイプです。

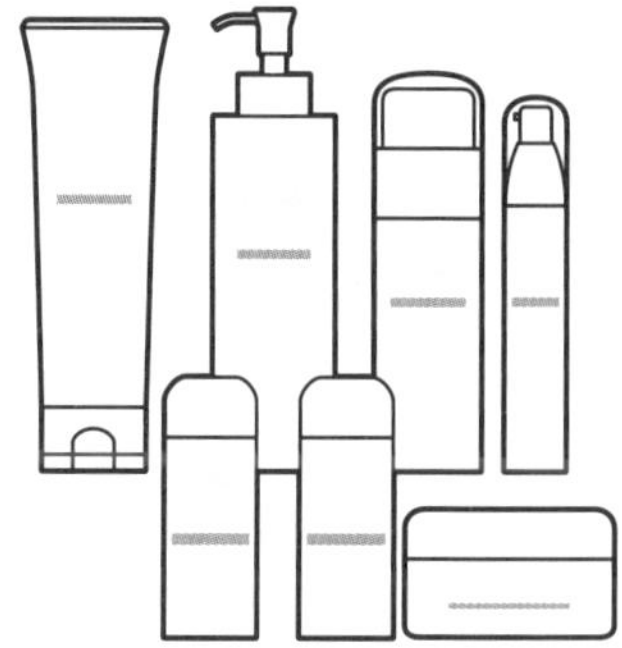

社会的な活動への積極的な姿勢の表れ

自分の内面を見つめ、向き合う姿勢の表れ

化粧品を多く使う人の特徴

人付き合いに積極的
平等な視点を持つ
細やかな気配りができる
安定した自信がある

メイクマジックで自分に自信が出る

外見だけでなく、内面にもプラスの効果があります。

化粧の気分高揚効果

化粧をすると、化粧前に比べて気分が高まり、不安が減って自信が増す効果があります。
化粧をしっかりする人ほど対人不安が少なく、人付き合いに積極的です。

化粧をすると見栄えだけでなく、自分への安心感も得ることができる

↓

人間関係を柔軟に処理する余裕を生む

化粧をすることで得られるプラスの効果

自己充実感（満足感）

化粧には自分が美しく作られていく楽しみ、変身願望の充足など、満足感を得られる効果が多くあります。この自己充実感は自己肯定につながり、心にとってプラスに働きます。

異性への印象

男性は、同じ女性でも化粧をしない場合より、化粧をしたときのほうを魅力的と感じやすく、好印象を抱きます。

自己タッチによる安心感

顔に触れる化粧は、自然と不安を和らげる作用が働いています。心地よさ、安心感を得ることで心を元気に変えることができるのです。

化粧で一番大切にすることは「自己満足」です。自己満足感は自己評価を高め、人付き合いもスムーズにできるようになります。「人からどう見えるか」ではなく、まずは「自分が満足できたか」を意識しましょう。

ネクタイをするだけで信頼感アップ!

人は思っている以上に服装に影響を受けています。

他人の服装で起こる心理効果

服とハロー効果

服装の傾向は、1つの特徴でその人の全体の印象が決まってしまう「ハロー効果(p88)」が表れやすい部分でもあります。だらしない服装よりもきちんとした格好をした人のほうが信頼されやすくなるのです。

服と同調効果

自分と同じようなしぐさや動作を行う相手に好感を持つ「同調効果」は服装にも起きる心理効果です。

自分と服装の傾向が近い人には同調効果によって信頼感を持ちやすくなります。

服装の効果いろいろ

① 人は高い服に引きずられる?

オースチンの交差点実験：信号待ちをしている人のなかに信号無視をするサクラの男性を入れ、周囲の反応を観察する実験です。サクラにそれぞれ上流、下層階級の代表的な服装を着せたところ、下層階級の服では反応しなかった人々が、上流階級の人が信号無視をしたときは釣られて歩き出しました。服の地位に行動が操作されたのです。

② 制服は人の行動をコントロールする

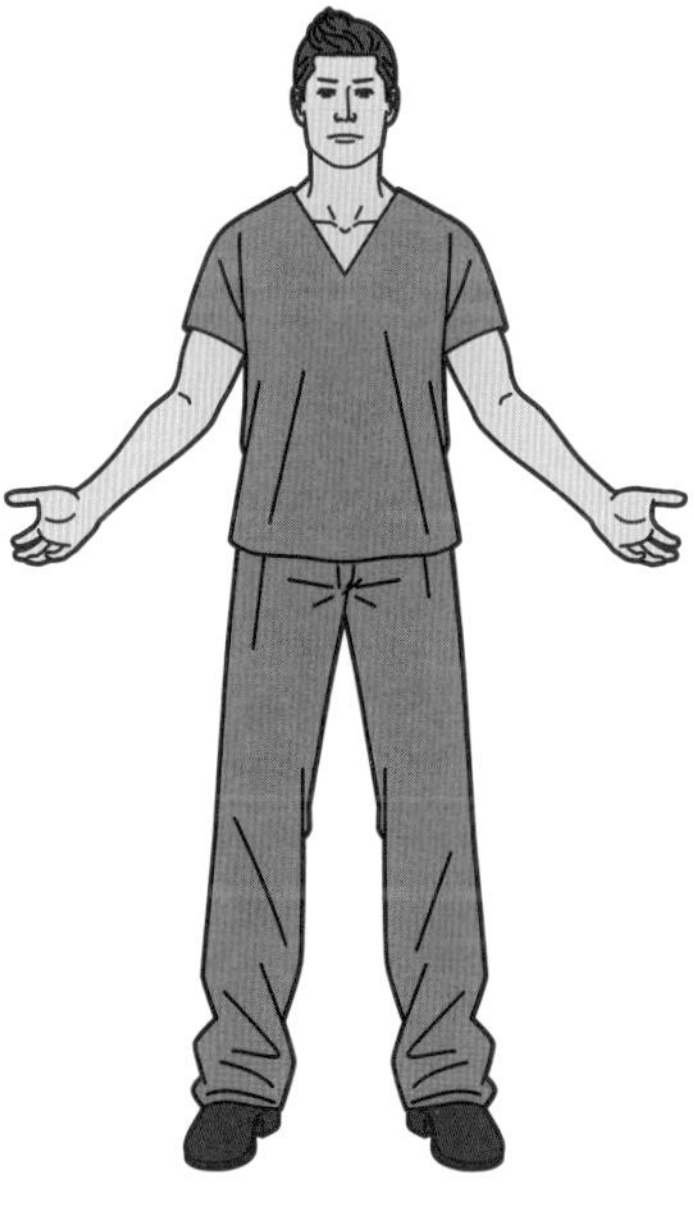

スタンフォード監獄実験：囚人服と看守服を着るグループに分かれて役を演じさせる実験で、看守役は段々と支配的に、囚人役は服従的になっていきました。制服は「その集団の一員である」という意識を高めるので、着ている人は気持ちや行動に影響を受けます。制服は着ている人だけでなく、見ている人にも「どの集団の人物か」という帰属性を意識させます。そして、その集団らしい行動、態度を取るよう期待し、ときには強制するようになります。

会話の調整機能❶

相手が「なるほど」を連発したら話を切り上げる

相手のあいづちが増えてきたら、話題を切り替える頃合いかも。

「なるほど」「へー」「うんうん」といったあいづちは話を聞いているということをアピールして、話し手を安心させます。
しかし、「なるほど」を多用するのは「もうわかったから」と話を切り上げようとする気持ちの表れ。退屈な気持ちや、自分が話したいということをアピールしている場合もあります。

話に飽きるとしがちなしぐさ

大げさなリアクション

退屈していることを隠そうとして、不自然に大きなリアクションが増えがち。

やたらとうなずく

話の内容に関係なくうなずくのは早く話を終わらせたい気持ちの表れ。

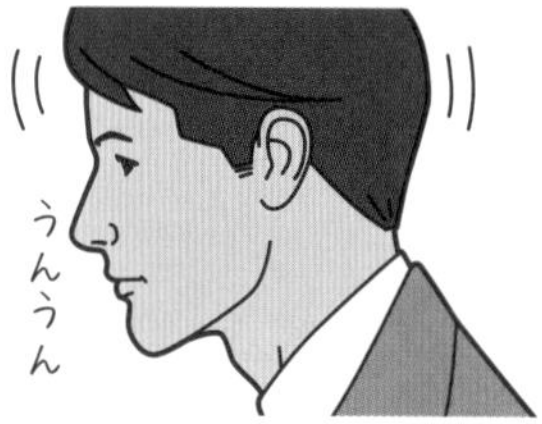

カバンをあさる

必要もないのにカバンの中身を見るのは、興味が他に移っている証拠です。

頬杖をつく

話を聞くことに疲れているときによく見られます。

椅子にもたれかかったら要注意？

相手に興味があるときは、人は自然に前傾姿勢になります。聞き手が体を後ろに引いて座り直したら、話題を変えるタイミングかもしれません。

話をしているときは、内容も大切ですが、相手の様子を観察することを忘れずに。

周りを見渡す

興味が話から離れ、集中できていません。時間を気にしている場合も。

何度もうなずく人は要注意！ 話聞いてる？

熱心に聞いているように見えて、話の中身を理解できていないだけかもしれません。

会話中のうなずきには、話の続きを促す効果があります。うなずくことで、話のテンポを調整し会話をスムーズに行うことができます。

しかし、相手のうなずく回数が不自然に多い場合は注意が必要です。話の内容を理解していないとき、人は「早く話を終わらせたい」という心理が働きうなずく回数が多くなる傾向があります。

話を聞いている人

身体がこちらを向いている
目を合わそうとする
話に合わせてうなずく
顔が少し上を向いている

話を聞いていない人

うなずきがない、多すぎる
微笑みがない
後ろにもたれかかっている
こちらをほとんど見ない

目線をそらす動作に注意

視線をそらすしぐさは話に飽きたときによく行われるしぐさです。しかし、話の内容を整理しようと頭を働かせているときは視線が上方を向きやすくなるため、必ずしも「視線をそらす＝話を聞いていない」とはならないので注意が必要です。

「嘘をつくと目が泳ぐ」のは思い込み

「嘘をついている」という確信は、実は思い込みの可能性が高いのです。

貸してもらったDVD見たよ！面白かったー！

でしょ！続きもあるから今度持ってくるね
ホント!? 楽しみだなぁ（棒）

アレッ 目が泳いでる？

?

ホントは楽しくなかったのかな…

実は目線を泳がせるしぐさと嘘の関連性はありません。

しかし、「嘘を言うと目が泳ぐ」と皆が信じているため「嘘をついている」と判断してしまうのです。


本当に嘘なのかは関係なく、相手が「嘘をついている」と感じることを嘘認知といいます

あいまいな情報を信じてしまうのは何故？

「絶対やせるダイエット法」など、ネットやテレビや雑誌で本当かどうか怪しい情報に触れたとき、あやしいと思いながらも信用してしまうのはなぜでしょう。これには「スリーパー効果」というものが大きく関係しています。

スリーパー効果と繰返し効果

① 情報を知る

ネットや本から情報を得ます。このときは情報源があやふやな場合、「あやしい」と感じます。

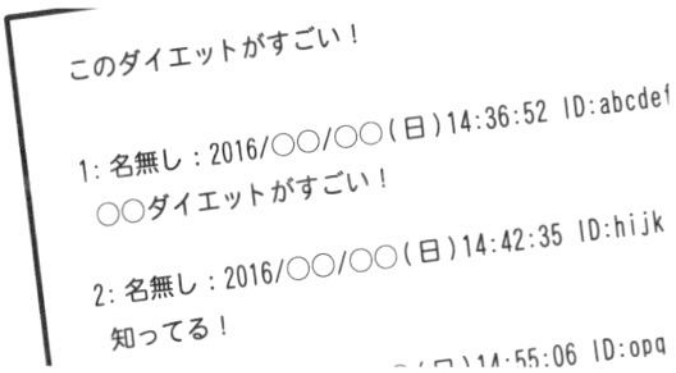
このダイエットがすごい！
1: 名無し : 2016/○○/○○(日)14:36:52 ID:abcdef
○○ダイエットがすごい！
2: 名無し : 2016/○○/○○(日)14:42:35 ID:hijk
知ってる！

② 何度か見かける

数日後に別の場所で同じ情報を見かけます。

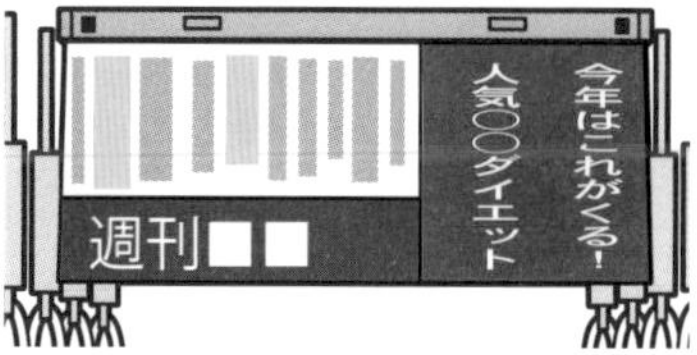
今年はこれがくる！
人気○○ダイエット
週刊■■

③ 最初の情報源を忘れる

最初にその情報をどこで見たのかがあいまいになり、「色々なところで聞く話」へと変化します。

④ 自分の情報として処理する

繰り返しによってその人の中で情報の信ぴょう性が高まり、正しいと思うようになります。

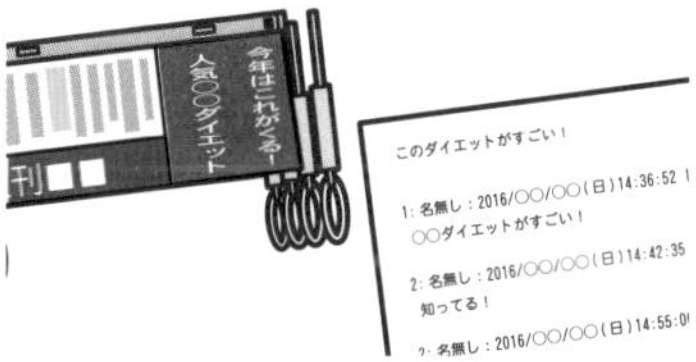
今年はこれがくる！
人気○○ダイエット
このダイエットがすごい！
1: 名無し : 2016/○○/○○(日)14:36:52
○○ダイエットがすごい！
2: 名無し : 2016/○○/○○(日)14:42:35
知ってる！

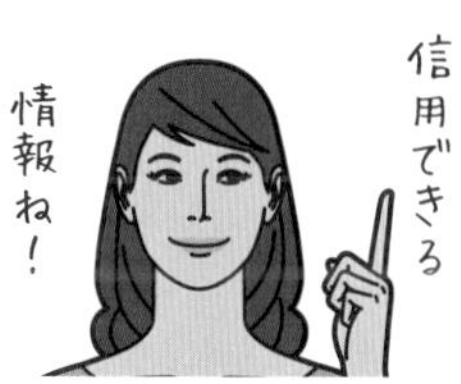
信用できる
情報ね！

日常の会話の中でも、一度しか言われないことは聞き流してしまいがちですが、2度、3度と繰り返し言われると、重要なことだと受け取るようになります。

作った表情は左側に出る　嘘に要注意

嘘を見抜くには、相手をよく観察するのがポイントです。

つくり笑顔には特徴がある？

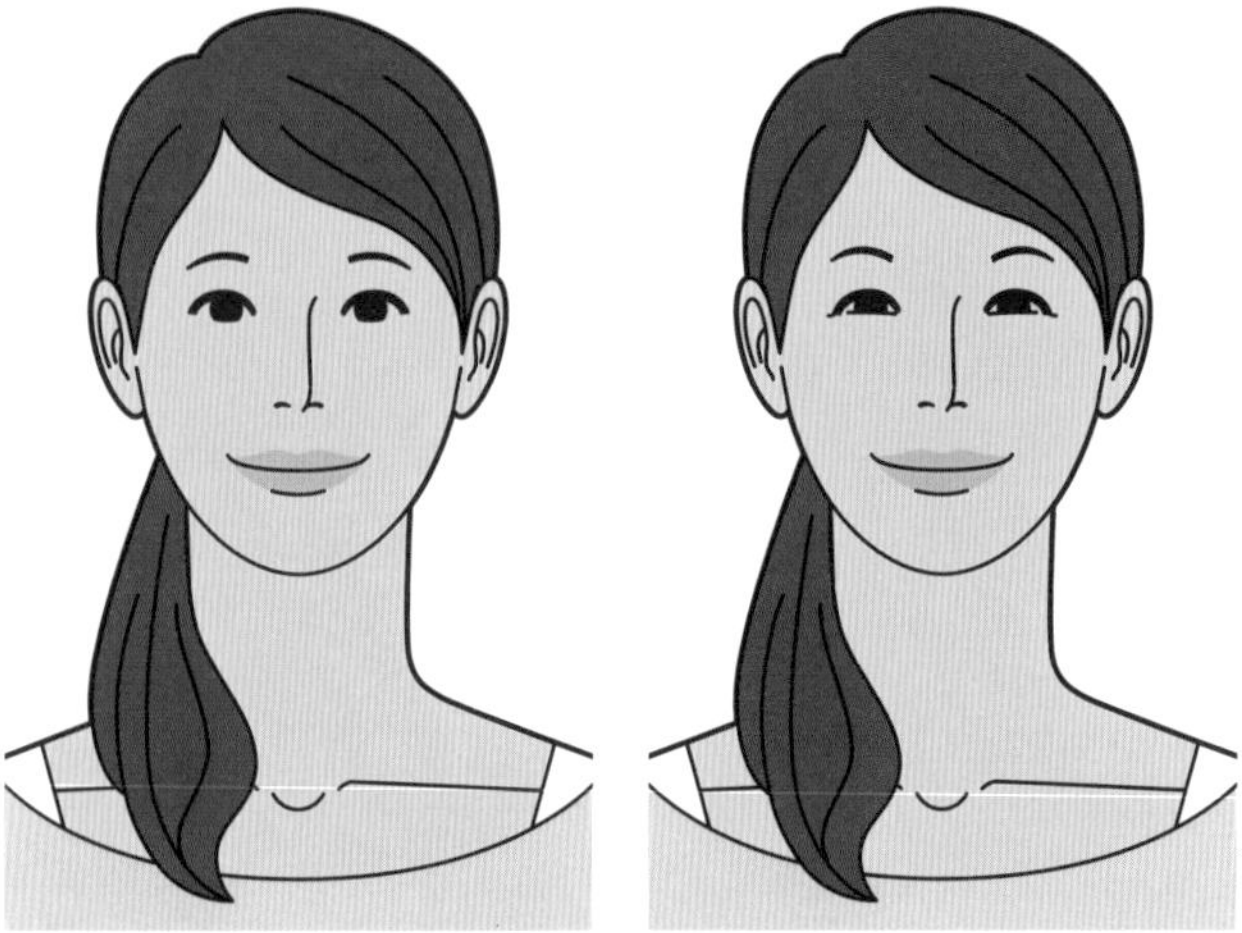

つくり笑いの特徴❶ 口元→目元の順で笑う

目元の表情はコントロールが難しいため、つくり笑いのときは口元から笑顔になります。

つくり笑いの特徴❷ 表情が左右非対称

自然な表情は左右対称ですが、作った表情は左側に強く表情がでる左右非対称の形になります。

しぐさから嘘を見抜く

つくり笑い

前ページのような、つくり笑いが多くなります。

頭を掻くなど、頭部に触るしぐさが増える

頭の動きが少なくなる

頭の位置が固定され、動きがなくなります。

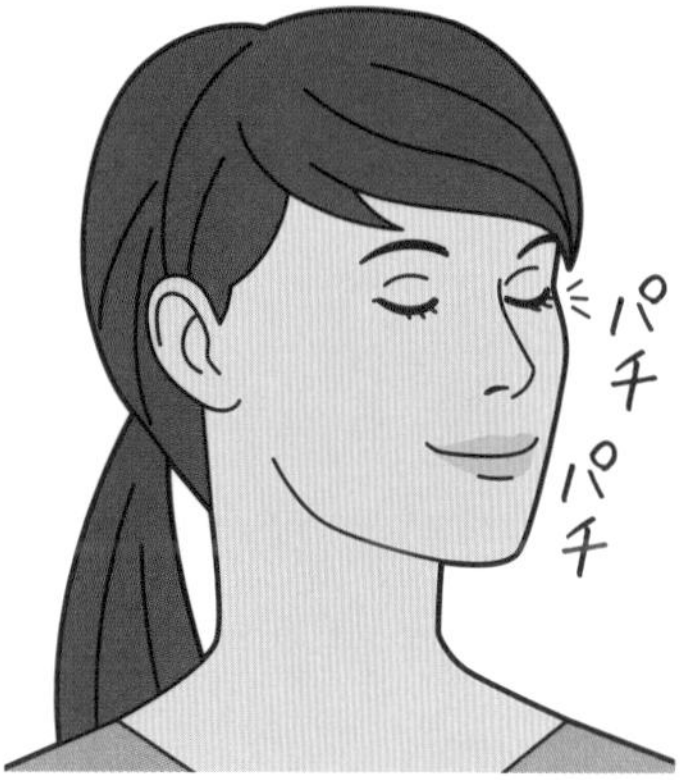

まばたきが増えるなど緊張している時のしぐさが増える

嘘をついていると緊張を示したり、緊張を和らげようとするしぐさが増えます。

声の調子が平淡に

緊張を隠すように、話し方が極端に淡々としたり、声が小さくなります。

普段見られないしぐさが増える

家族や友人なら、相手の行動に違和感を感じることこそが嘘を見抜くポイントになります。

顔を見ないほうが嘘を見抜ける？

心理学者ポール・エクマンの実験で、女子看護学生に楽しい描写の映画と医療訓練用映画を見せ、医療映画を見た生徒には「楽しかった」と嘘の感想をいわせた映像を２つ撮り、その映像を見て嘘をついているかどうか見抜くというものがあります。その結果、顔を映した映像を見て答えた人よりも、身体部分だけを映した映像を見た人のほうが嘘をついているインタビューを答えることができたのです。

1

確証バイアス

「自分に限って」という考えは間違いの元

まずなによりも、自分の自信を疑いましょう。

人は情報を集めるとき、
無意識のうちに「自分の判断は正しい」と
思い込んで探しがちになります

▼

これを確証バイアスがかかるといいます

正しい判断を妨げる原因

① 今までの生活で得た知識（素朴理論）

日常経験に基づく考えを、科学的に正しい理論よりも正しいと思ってしまうこと。

② 確証バイアス

自分が本当だと思っていることを確かめるための情報ばかりを集め、反証となるような情報は無視したり、探す努力を怠りがちになること。

③ 直感（基礎確率の無視）

直感的に確率を判断してしまい、正しい確率の計算をしないこと。

血液型による性格診断は、科学的な根拠がないにも関わらず、正しいと思われている素朴理論の代表です。

心理クイズ 1

どの席に座るのがベスト？

Q1 会議をまとめる

さまざまな意見が飛び交う意見をスムーズにまとめるには、座る席の位置も重要です。
以下のＡ～Ｃの中で、座るのに一番適した席はどこでしょう。

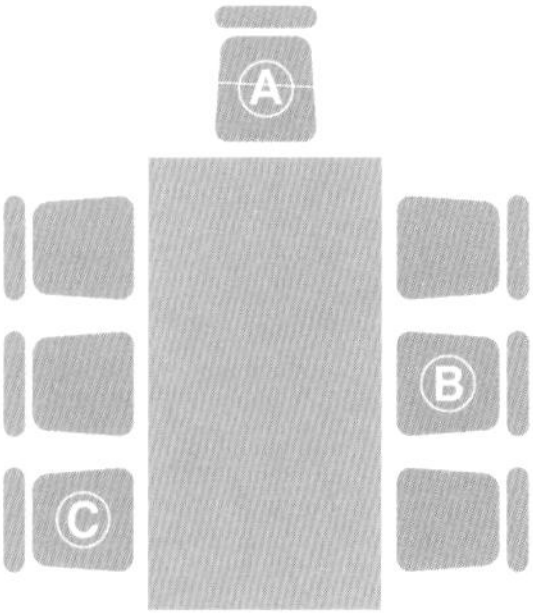

Ⓐ

リーダーシップを発揮しやすくなるのは、全体の様子を見渡せる場所。よって、Ａが最もまとめ役の席として適しています。また、Ｂの席はメンバーへのフォローに回りやすい位置なので、補佐役に座ってもらうとよいでしょう。

Q2 部下の意見を聞く

部下や後輩から自由に意見を出してもらいたいとき、どちらのテーブルの方が話しやすい空気を作れるでしょうか。

①角テーブル
②丸テーブル

②丸テーブル

丸テーブルは上座、下座が生まれにくく、メンバー全員に公平感が生まれます。また、円形は辺が連続しているため、人との境界を感じにくく、連帯感も持ちやすくなります。

※座席とリーダーシップの関係はＰ20で復習しましょう。会議で使える心理学は３章Ｐ126でも触れています。

第2章

相手の気持ちを掴む心理学

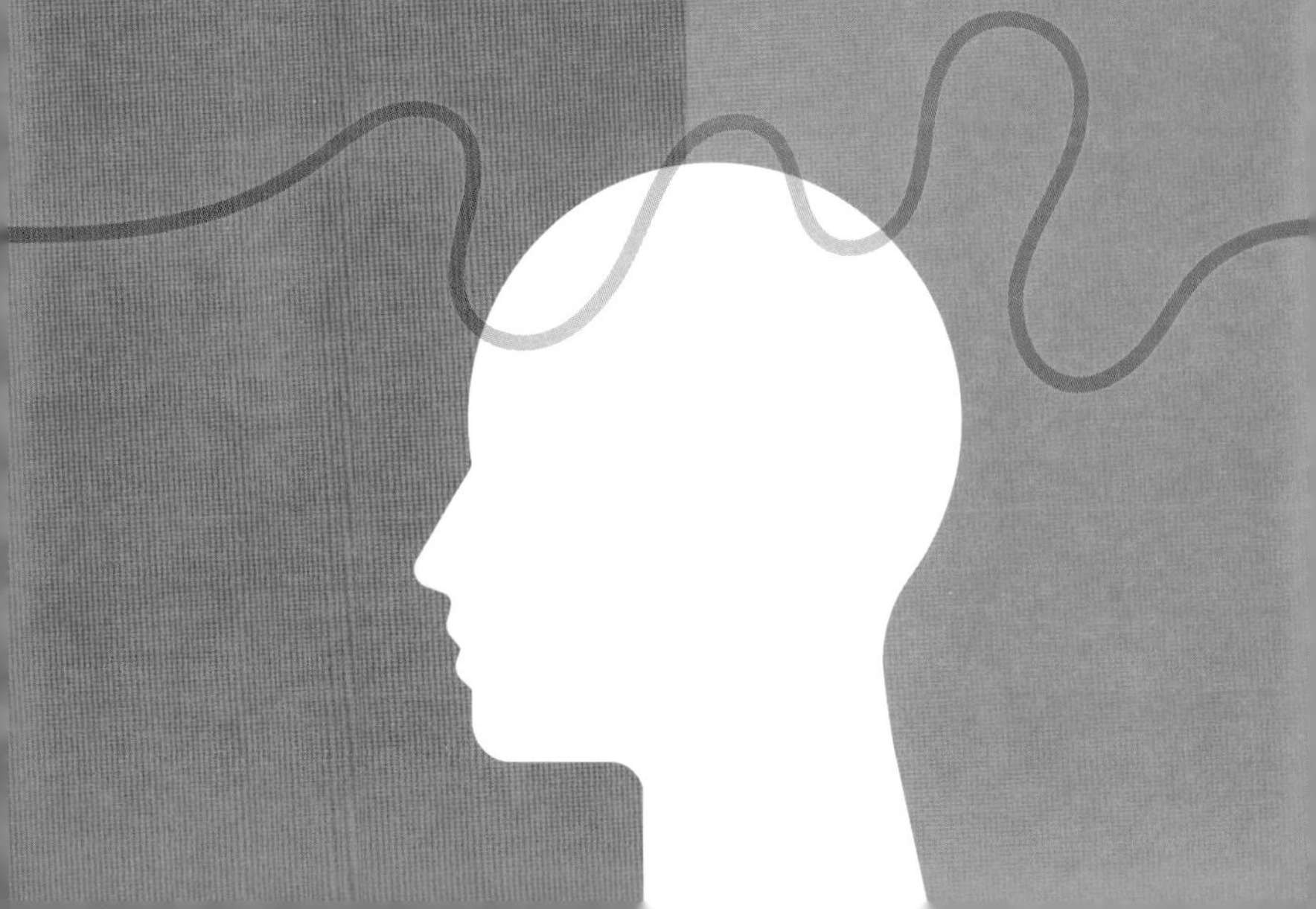

2

人の心はあなたの行動次第で変わる！

相手の気持ちを掴む心理学

私たちは心そのものを直接見ることはできません。相手が何を考え、感じているのか、人間関係の不安の多くは「相手がわからない」ことから生まれます。心理学は相手の言動から、隠された心を理解する助けとなりますが、逆に、どんな行動が相手に好印象を持たれるか、悪印象を持たれるかを知る手がかりにもなるのです。

生活のなかではさまざまな人間関係が展開されます。家庭、ご近所付き合い、職場の同僚や上下関係、立ち位置や関わり方も人それぞれです。そこで軋轢や競争が生まれ、悩む人もいるでしょう。

よりよい人間関係を築き、人生を豊かにしていくには、シチュエーションを把握して柔軟に対処する能力が必要です。そこで、大きな力となるのが心理学です。

相手の心がわかればもっとスムーズに付き合えるのに、と思われるかもしれません。しかし、「他人を変えるのは難しいが、自分は変えられる」「自分が変われば相手も変わる」といった言葉をセミナーやカウンセリングで一度は聞いたことがあるのではないでしょうか。心理学はまず、自分への働きかけから始まるのです。

第2章では、「自分自身の言動が相手にどんな影響を与えるのか」を中心に心理効果やテクニックを紹介します。人には個性があり、感じ方はそれぞれ違います。そのため、「人に必ず好かれる方法」は存在しません。

ただ、その中でも「嫌われがちな行動」や「好かれやすい言動」を知ることは可能です。

自分自身の行動や考えを見つめ直すことで、人との向き合い方が変化して、人付き合いへのモチベーションも高まっていくでしょう。

人は自分のこんなところを見る

見た目

服装や化粧で相手の印象は大きく変わります

肩書

資格や学歴、経歴は好印象を与えやすい特徴になります

共通点

人は自分と「似た人」「近い人」に心を開きやすくなります

距離感

相手と自分の物理的な距離感で、心の距離感が把握できます

言葉

コミュニケーションの基本ともいえる言葉でのやりとりはやはり重要です

態度

横暴だったり従順だったり、相手の様子によって自分の態度も変化します

良好な人間関係を作るポイント

自分が変われば相手も変化します

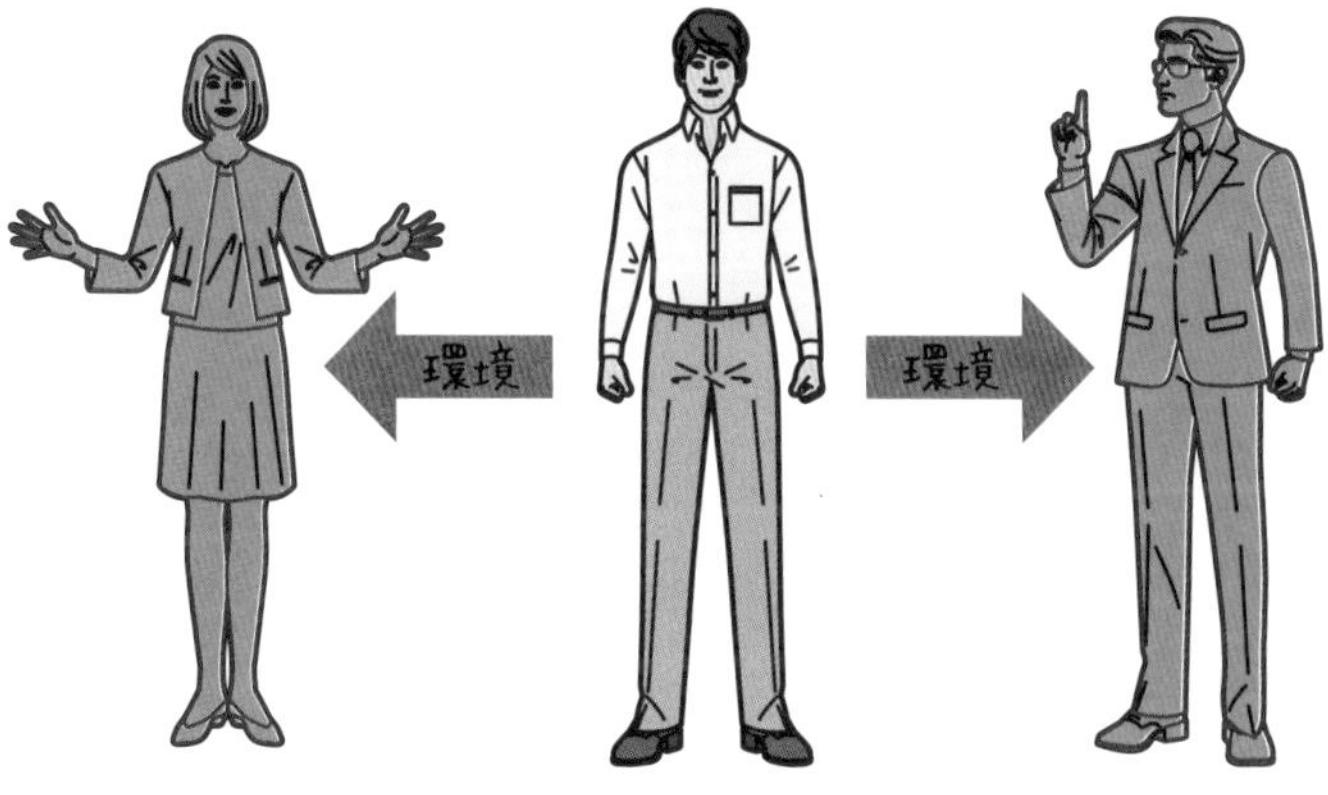

「相手とうまく付き合いたい」と思うとき、つい相手の気持ちを変えようと働きかけてしまいがちですが、まずは自分を見つめなおしましょう。自分の行動や言葉が相手にどんな印象を与えていたかを考え、改善すれば相手との関係は自然と変化していくでしょう。

親密レベルが低いほど人は見た目を重視する

関係の深さによって相手との接し方は変化します。

関係の進展モデル

人が誰かと関係を進展させていくためには、いくつものハードルを越えていく必要があります。

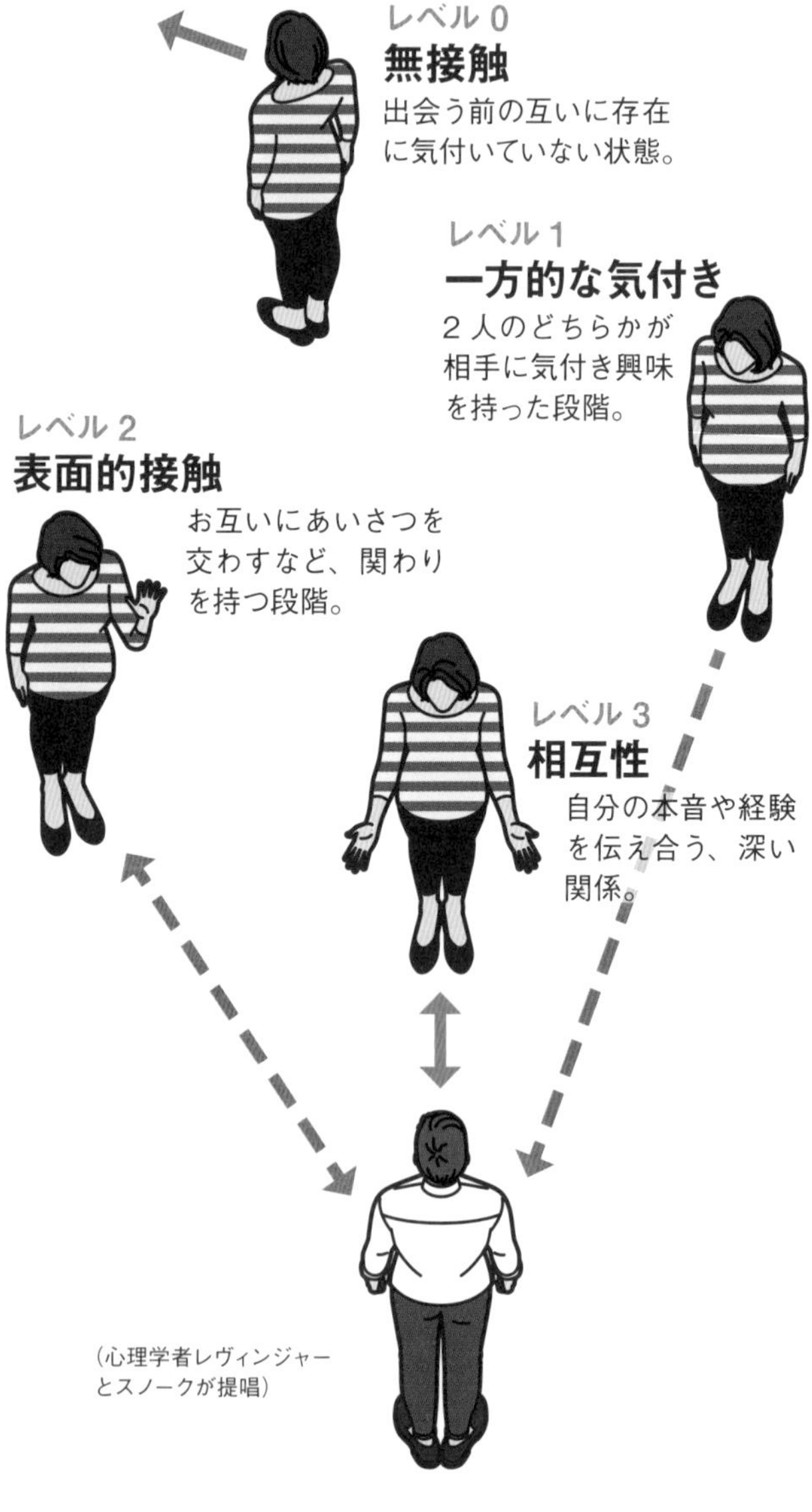
レベル０
無接触
出会う前の互いに存在に気付いていない状態。
レベル１
一方的な気付き
２人のどちらかが相手に気付き興味を持った段階。
レベル２
表面的接触
お互いにあいさつを交わすなど、関わりを持つ段階。
レベル３
相互性
自分の本音や経験を伝え合う、深い関係。
（心理学者レヴィンジャーとスノークが提唱）

レベル0〜1　人は見た目が10割

「無接触」の状態から人が出会うためには、その存在を知らなくてはいけません。

・物理的距離（住んでいる場所が近い）
・心理的距離（興味が近い）

といった条件、もしくは偶然同じ場所に居合わせることで、出会う可能性は高まります。

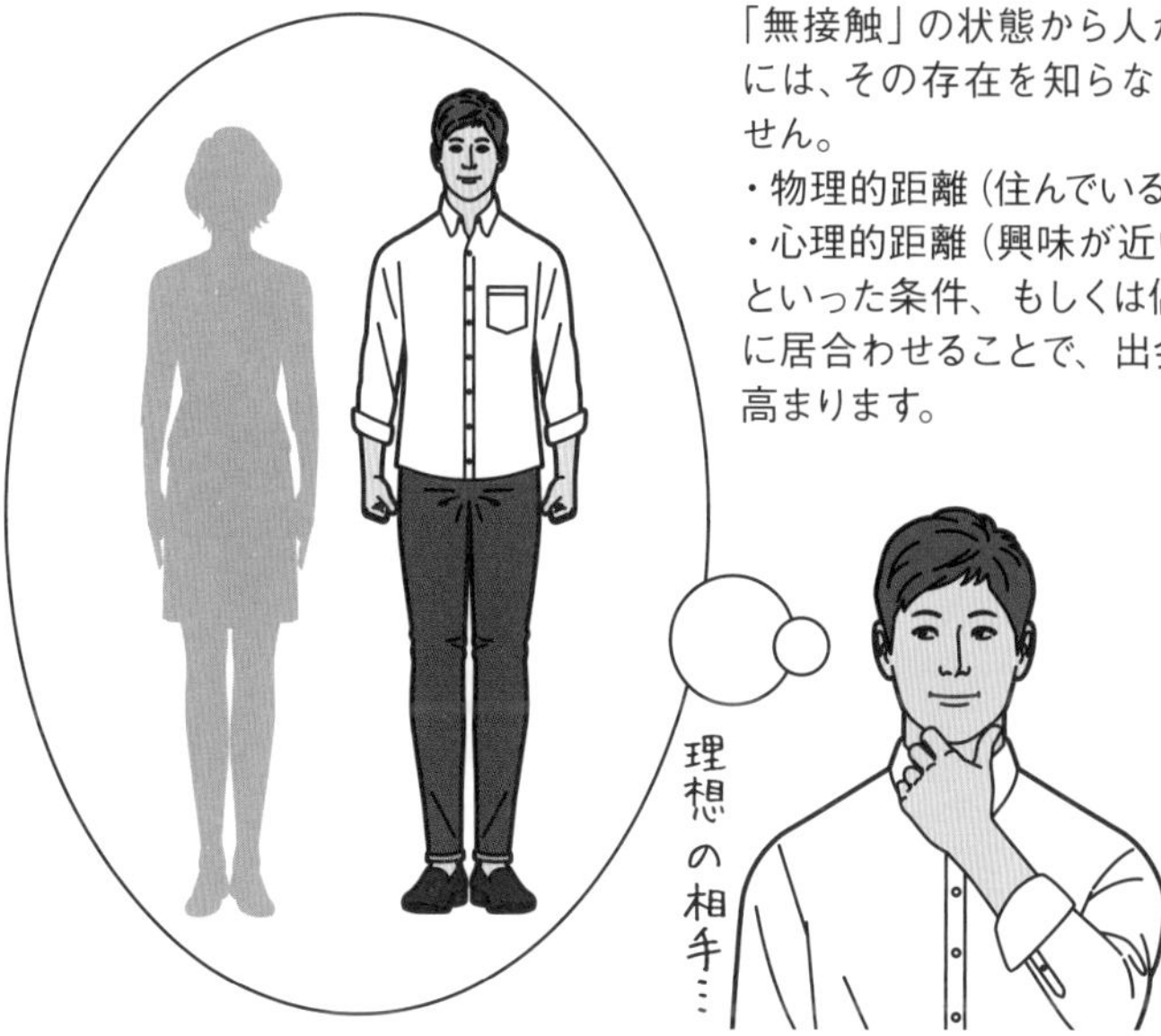

理想の相手に出会いたいと思う場合、理想に合わせて自分の生活を調整する必要があるのです。

２人のどちらかが相手に気付き、そこで相手に興味を持った場合、相手に接近する「一方的気付き」の段階に入ります。

この段階から先に進むには、「相手の容姿や身体的特徴」が重要な役割を果たします。

魅力的な人だったり、自分と似ている人だったりする相手に対して、話しかけてみようという気持ちが強くなります。

レベル2　相手の好みに合わせる

「表面的接触」の段階に進むと、お互いにあいさつをするといった浅い関わりを持つようになります。

表面的な会話
本音

しかし、この段階ではあまり込み入った話はできないことがほとんどです。

表面的な会話で終わる場合が多いでしょう。

相手に合わせた言動を心がける

素敵なストールですね
僕も好きなブランドです
!!

先の段階に進むには、お互いに好意を持つことが重要です。
人は自分と似たような人物に好意的な感情を持ちやすいため、相手の趣味に合わせることが効果的です。

レベル3　素直に自分の本音を伝える

レベル３の相互性の段階までくると、自分の考えや経験を相手と共有する関係に変化していきます。

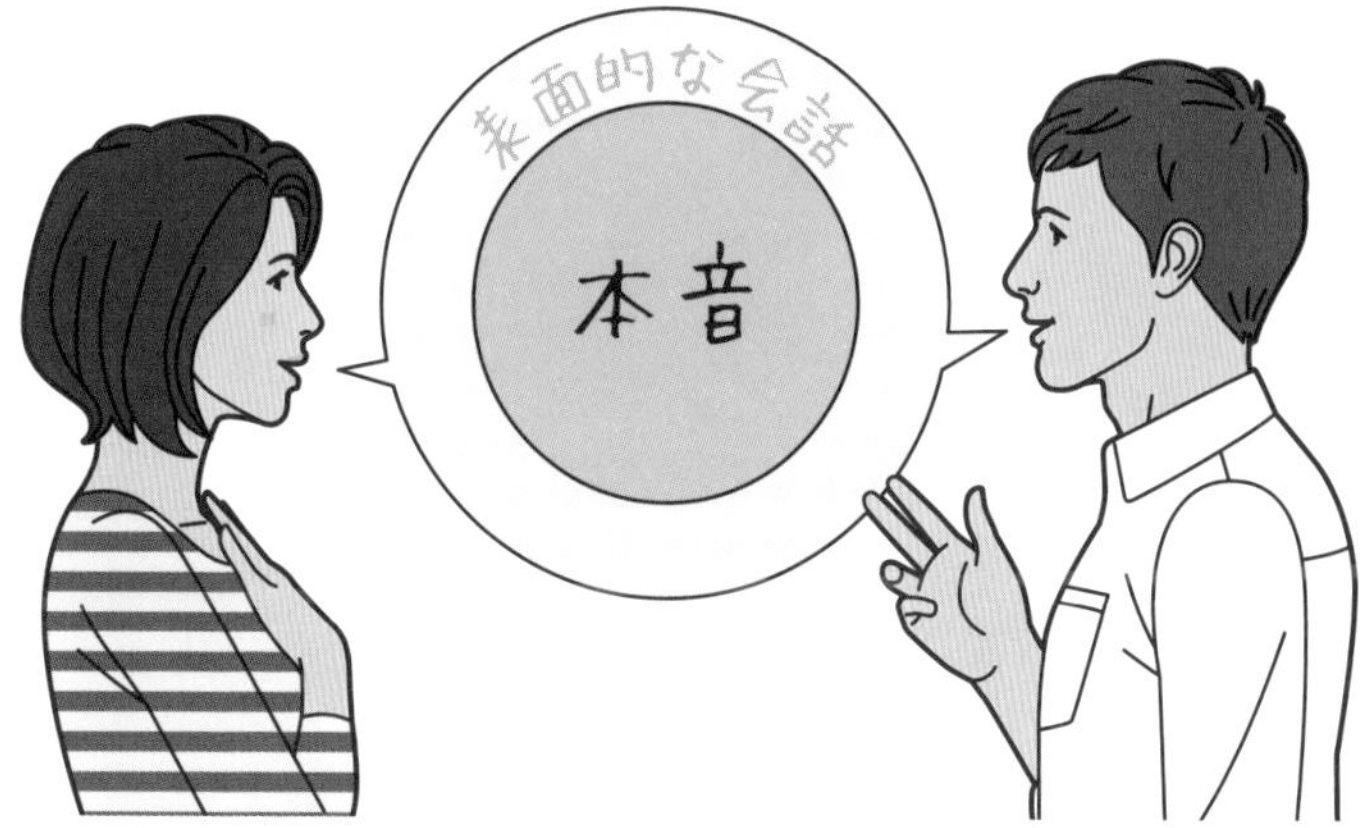

自分の本音を隠さずに相手に言葉で伝えることを「自己開示」(p62)といいます。

本音を伝えることで、お互いに理解を深め合うのです。

また、この段階ではお互いの欲求を補い合うことも大切です。
たとえば「相手のことを世話してあげたい」というタイプの人と「相手から世話を焼いてもらいたい」という人は欲求の相補性が成り立っているため、関係がうまくいきやすいのです。

運命は相手のモノマネで作り出せる

人は自分と似ている相手には好意的な感情をもちやすい傾向があります。

自分と似た人に好意を抱きがち

趣味や趣向、服装、しぐさが自分と似通っていると人は好意を抱きやすくなります。

同意されると好きになる

自分と似ている相手と時間を共有すると、自分の意見に同意してもらえる機会が増えることになるので、好意的な感情を覚えやすいのです。

環境が似ていることで好意を抱く

この類似性への好意は態度だけでなく、学歴や職業、感情でも発生します。

合意的妥当性という、自分の意見を正しいと相手から認めてもらえることで肯定的な感情を生じやすくなるため、自分と近しい人に対して好意をもちやすくなるのです。

タイミングを合わせて真似をする

相手の真似をするといっても、わざとらしい態度では逆に相手に不快感を与えてしまいます。あくまで自然にまねるのがポイントです。

この前、〇〇に行きましたよ
偶然！僕も行きました

相手の発言を受ける

「○○が好き」「この前○○に行った」など、何気ない会話がチャンスに繋がります。

↓

たまたま一緒を装う

あくまで「偶然同じだった」と伝えるのがポイント。これが続くと相手は運命を感じます。

ミラーリング効果って？

人は好意を持っている相手と無意識のうちに同じしぐさをしてしまいます。そこで、逆にしぐさを真似ることで、相手に好印象を持たせることができます。ただし、露骨なモノマネはかえって相手を不快にさせてしまうことがあるので控え目にするよう注意しましょう。

!?

本音を打ち明けあえば信頼関係ができる

相手との関係を進展させるには、本音を言葉で伝えることも必要です。

自己開示って？

自分自身についての情報や気持ち、本音を正直に話すことを「自己開示」といいます。

弱みや本音を打ち明けることで、話された方は親近感や特別感を抱きます。親密な人間関係は、お互い自己開示をしあうことで作られるのです。

聞き上手な人は自己開示させやすい

自己開示は行った側も自分を受け入れてもらえたという気持ちになり、相手への好意が増す傾向にあります。聞き上手の人が好かれやすいのはこのためです。

自己開示のメリット

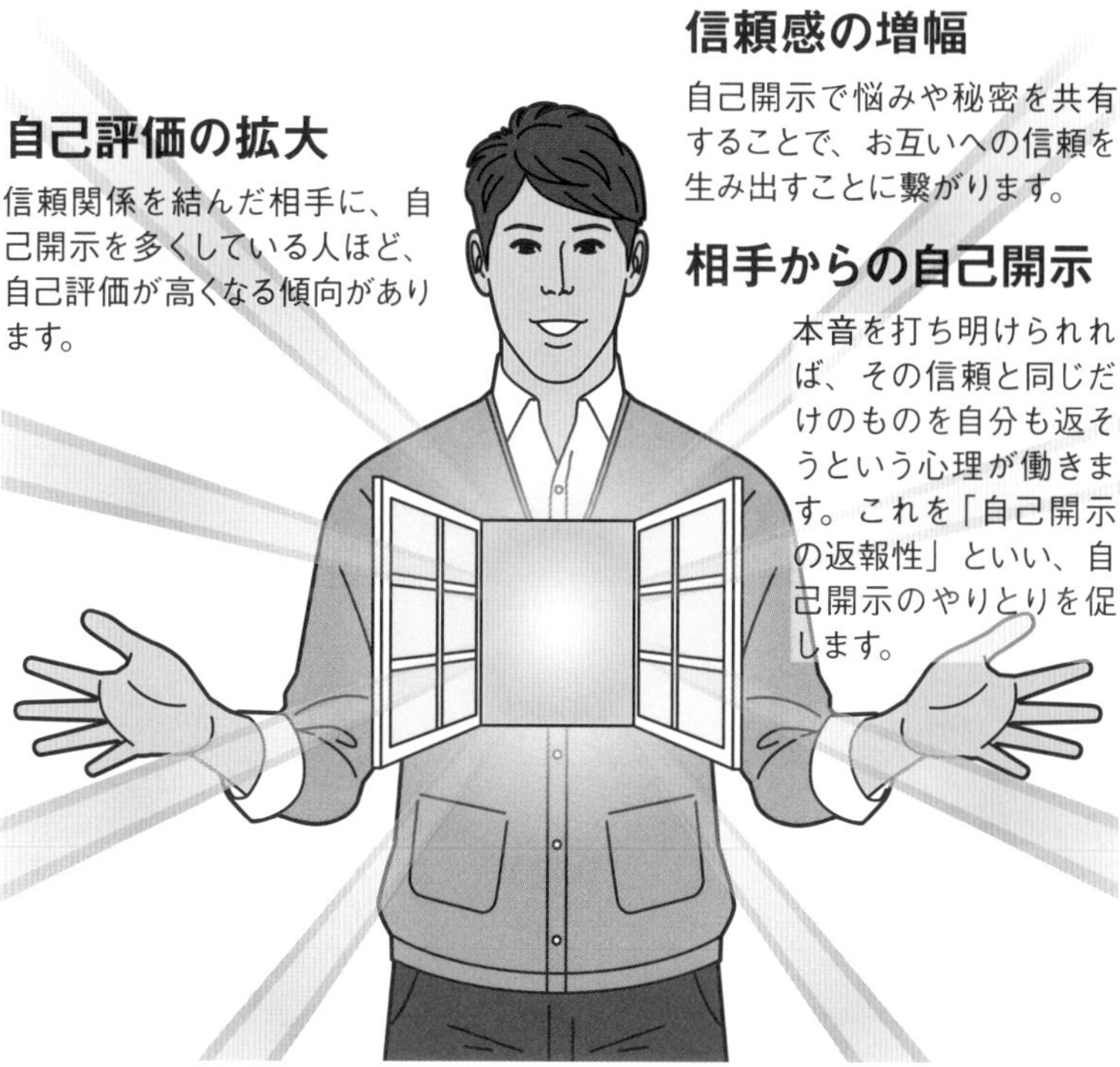

自己評価の拡大

信頼関係を結んだ相手に、自己開示を多くしている人ほど、自己評価が高くなる傾向があります。

信頼感の増幅

自己開示で悩みや秘密を共有することで、お互いへの信頼を生み出すことに繋がります。

相手からの自己開示

本音を打ち明けられれば、その信頼と同じだけのものを自分も返そうという心理が働きます。これを「自己開示の返報性」といい、自己開示のやりとりを促します。

これは NG!

親しくない相手に深刻な話

知り合って間もない相手に深刻な悩みを打ち明けるような、相手との進展レベルに見合わない自己開示はかえって関係の進展を妨げます。むやみやたらに自己開示すればいいというわけではないことは注意しておきましょう。

毎日行き帰りに挨拶するだけで好感度アップ

毎日顔を合わせることが、関係を築く上では意外と重要なのです。

単純接触効果って？

ある人に「単純に接触する」だけでその人に対する好意が増していく効果のこと。
相手に繰り返し会うだけでもその相手に対して好意的な評価が生じやすくなるので、結果的に関係が進展しやすくなります。

単純接触による好意度は、「短時間」に、「会う回数が多い」ほど上がりやすくなります。
行き帰りに挨拶をするだけでも効果は見られるでしょう。

ただし、もともと相手が自分に対してよい印象を持っていない場合は単純接触効果はほとんど期待できないので要注意。

また、一度の接触時間が長すぎても「しつこい人」という印象ができ、逆にマイナス評価が高まる危険があります。

日常生活の単純接触効果

通勤通学の電車の中

毎朝駅で決まって見かける人に対して、話したこともないのに少し親しみを感じた経験はありませんか？

街頭ディスプレイなどの広告

街中の広告やテレビなどでよく見かける芸能人を次第に好きになるのも単純接触効果の影響です。

自宅、職場のご近所さん

自分では何度も会っているという自覚がなくても、頻繁に見かける人は魅力的に感じやすくなります。

これはNG!

過剰な接触

相手が拒絶しているのに無理やり何度も会ったところで、好意を抱いてくれる可能性は低いでしょう。

カウンセリングテクニック

「聞く」テクニックで会話が段違いに弾む

心理学の「聞く」テクニックは日常会話の中でも有効です。

① 相手とうなずき合う

会話に合わせてうなずきやあいづちを入れるのは、会話をスムーズに行う基本です。ただし、やりすぎは逆に相手に不快感を与えるので要注意(p42、p44)。

② 微笑みを折り込む

笑顔はコミュニケーションの基本です。好意を持っていることが伝わってくる相手には信頼感が生まれ、話しやすくなります。

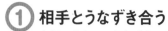

③ 姿勢は前屈み気味に

前傾姿勢は「話に興味を持っている」ことを表すしぐさ。自分の話を楽しんでいることが分かれば、相手も話しやすく、雰囲気もよくなります。

④ 相手をよく見る

相手の様子をよく見て、相手が話に興味を持っているか確認しましょう（p42、p44）。相手と目線を合わせることもポイントです。

情熱は恋愛関係の特効薬ではない

あなたが大事にしているのは3つのうちのどの要素でしょうか？

愛の三角理論って？

心理学者スタンバーグの提唱した、愛は1つの要素で成り立っているのではなく、「親密性」「情熱」「コミットメント」の3つの心理的な要素が組み合わさった概念であるという考えです。

親密性

親しさや相手と繋がっているという感覚です。親密性は愛の中心的な要素で、感情的な関わりから形作られていきます。

情熱

相手とのロマンスや身体的魅力によって引き起こされる要素。熱烈で一途な思い、相手と積極的に関わりをもちたいという動機になります。

コミットメント

関係への関与のことで、相手を愛するという気持ちから、さまざまな結びつきや繋がりが生まれ、簡単には切れない関係を表しています。

愛の三角理論 8つの関係性

完全愛	●親密性 ●情熱 ●コミットメント	3つの要素が統合されている。環境や状況によって成長し、愛を維持していく。
愚愛	親密性 ●情熱 ●コミットメント	急激な愛情で、関係としての安定性に欠ける。
友愛	●親密性 情熱 ●コミットメント	情熱が欠けた関係。長期の友人関係や身体的魅力を感じなくなった夫婦など。
恋愛	●親密性 ●情熱 コミットメント	相手の外見に魅力を感じるだけでなく、情緒的にも結びついているが、長期性に欠ける。
空愛	親密性 情熱 ●コミットメント	関わりを続ける、という気持ちだけがある愛。長期的な関係の最終段階としてよく見られる。
心酔愛	親密性 ●情熱 コミットメント	一目惚れのような愛。ドキドキ感や興奮などの生理的な反応が特徴。
好意	●親密性 情熱 コミットメント	友人関係で経験されるような愛。親しみや温かさを感じる。
否愛	親密性 情熱 コミットメント	愛を全く共有しないような表面的な関係。

恋人と比べ、両親や友人とは「情熱」の程度が低くなることから、恋愛関係では「情熱」の要素、ドキドキ感が重要だと考えられています。

ただ、コミットメントと親密性がない関係は、満足感と自信を失いがちになります。3要素全てをバランスよく保つことが大切でしょう。

吊り橋効果

アウトドア派のカップルは長続きする

恋愛関係を続けるためには、少しのスリルが必要です。

恋愛関係を続けるには、「相手にドキドキすること」つまり「情熱」が重要です。
この「ドキドキ感」は、実際に体を動かす「エキサイティング」な活動でも生み出すことができ、パートナーと一緒に体験することで「相手にドキドキしている」と錯覚させることができます。

「ドキドキ」を錯覚させる吊り橋効果

エキサイティングな活動で引き起こされたドキドキ感を、相手と一緒にいることによるドキドキ感と勘違いすることを吊り橋効果といいます。アウトドアやスポーツなどのエキサイティングな活動を一緒に行うことで、相手との関係への満足度や愛情が増加します。

異性間では効果がありますが、同性間では効果が弱いといわれています。

屋内よりも外に出よう

スキー、ハイキング、ダンスといったエキサイティングな活動と、映画鑑賞、外食といった楽しいがエキサイティングではない活動をそれぞれ夫婦にしてもらったところ、10週間に渡ってエキサイティングな活動を続けた夫婦のほうが、エキサイティングではない活動を続けた夫婦よりも夫婦関係への満足度が上昇しました。

暗いところが効果的

暗闇の中では誰かと一緒にいたいという気持ちが強く働く、という効果があります。これは人は誰かと関係を持っていたいという「親和欲求」を利用したテクニック。お化け屋敷に入るのは、スリルを味わう吊り橋効果と暗闇から生まれる親和欲求の2つの効果で、相手からの好意を高めることができるのです。

2

社会的交換理論

尽くしすぎは「いい人」で終わる

いつも「いい友達」止まりのあなた、相手に尽くしすぎてはいませんか？

カップルでお互いにバランスを取り合うことは大切です。相手に一方的に尽くし続けると、かえって関係が壊れやすくなります。

社会的交換理論って？

金銭や商品と同じように、相手にかける時間や労力をカップル間で取引しているという考えのこと。夫婦やカップルの関係の中で、成果が小さい場合は恋愛関係に不満足感が生じやすくなりますが、逆に成果が大きすぎても相手に対する罪悪感から満足度が低下する傾向にあります。尽くしすぎるのもよくないのです。

一度下げてから持ち上げる
ゲインロス効果

他にも、ドラマやマンガなどで「嫌な奴が実は動物には優しい」といった描写で登場人物へ好感を持たせる描写があります。このような、最初に低評価だった人がちょっとした気遣いや振る舞いにより評価が急上昇することを**「ゲインロス効果」**といい、最初から高評価の人が同じことをするよりも評価が高まるのです。

距離が近くても「その気アリ」しぐさとは限らない

「彼に嫌われている」「彼女に好かれている」は実は勘違いかも？

男女のパーソナルスペースの違い

ちょっとよろしいですか？
ここなんですけど…
お隣、失礼しま…
あれ？嫌われてる？
スッ

女性は近い距離を心地よく感じる
⇩
好きでなくても近づく

男性は遠い距離を心地よく感じる
⇩
嫌いでなくても遠のく

男女の距離感の違い（p13）は、異性間で「好かれている」「嫌われている」といった勘違いを引き起こしやすい。

パーソナルスペース4つの距離

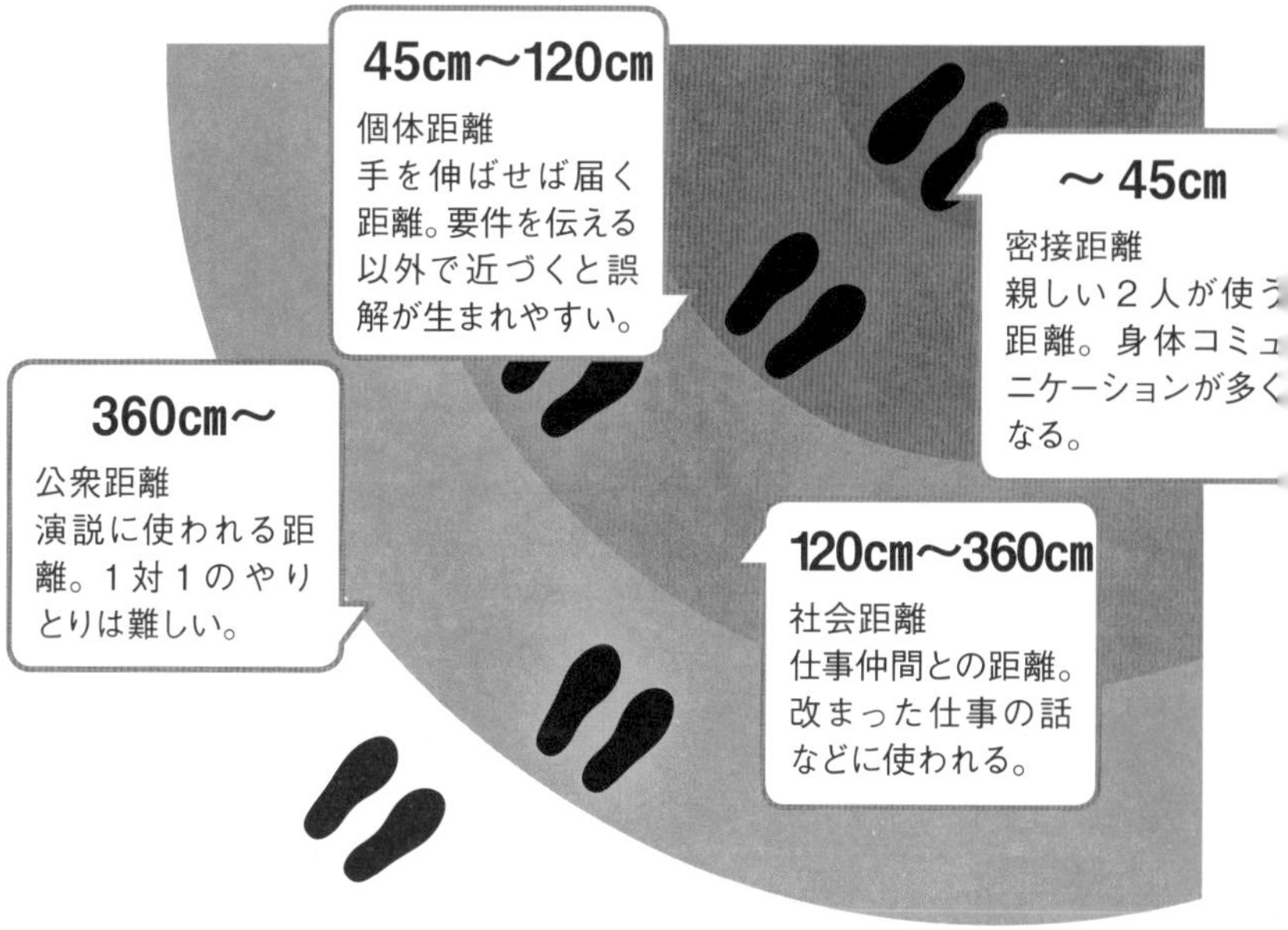
45cm～120cm
個体距離
手を伸ばせば届く距離。要件を伝える以外で近づくと誤解が生まれやすい。
～45cm
密接距離
親しい２人が使
距離。身体コミ
ニケーションが多
なる。
360cm～
公衆距離
演説に使われる距離。１対１のやりとりは難しい。
120cm～360cm
社会距離
仕事仲間との距離。改まった仕事の話などに使われる。

男女別「その気アリ」しぐさ

少食になる

女性は男性の前では食べる量が普段よりも少なくなる傾向があり、特に好意を持っている男性の前では食事量が減少します。

姿勢が前に傾く

男性は気になる相手の前では片方の肩が下がり、姿勢が崩れやすくなります。また、相手に近づこうと体を前に寄せる傾向があります。

え!?
おなかいっぱい

恋愛普及幻想

恋人がいないのはイマドキ普通

「周りの話題が恋愛のことばかり……」と焦りすぎてはいませんか？

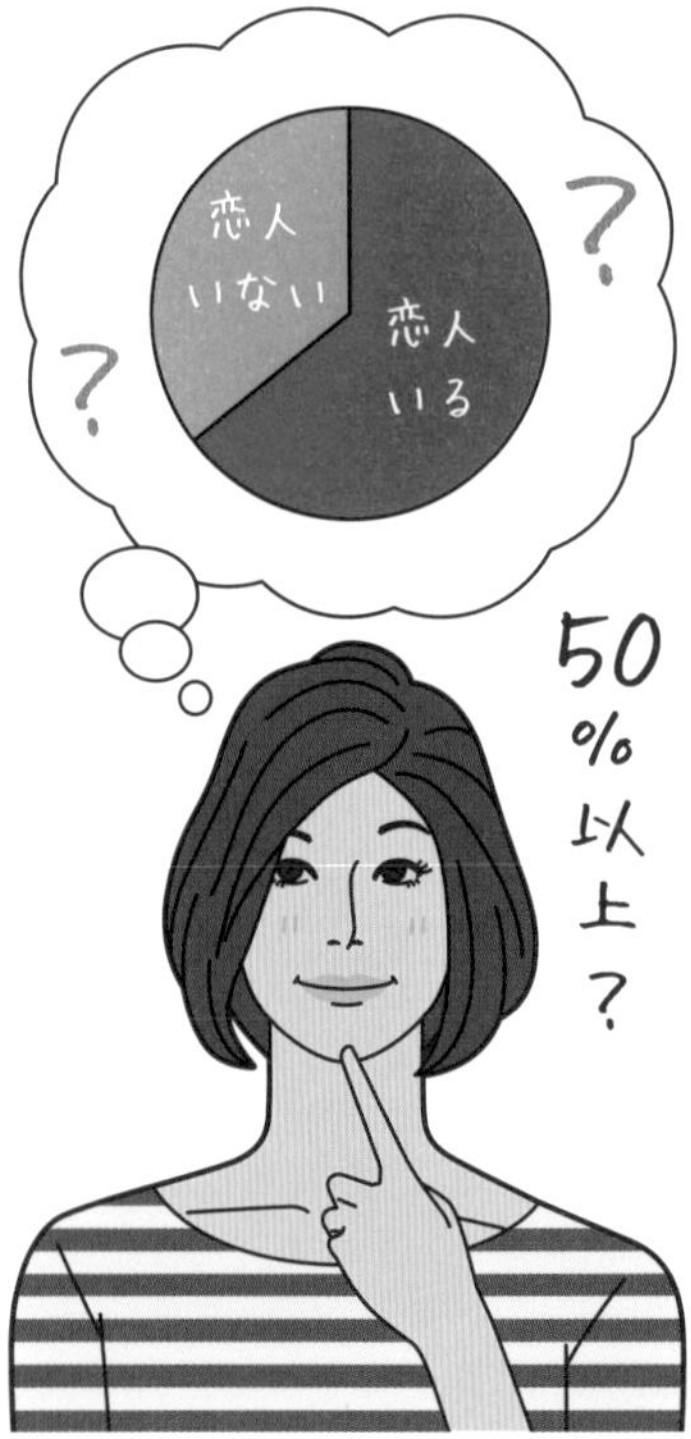

自分のまわりで恋愛をしている人はどれくらいいると思いますか？
同世代で恋人がいる割合を尋ねると、多くの人が 50% 以上は恋人がいる、と答えます。
では、実際はどうなのでしょう。

実は「現在恋人がいる人」の割合はそれほど多くはありません。実際に恋人がいるのは 3 割から 4 割ほどで、逆に言えば 6 割以上の人たちには恋人がいないことになります。

このように、恋人がいる人を実際よりも多く見積もってしまうことを「恋愛普及幻想」といいます。

テレビやネットでは恋愛をテーマにしたものが溢れているため、「恋人ができて当たり前」「好きな人ができない自分はおかしい」と周りから取り残された気持ちになったり、焦ったりしがちです。しかし実際は「恋人がいない人」のほうが多数派なのです。

愛を測定してみよう

①

恋人や好きな人を思い浮かべながら、以下の15の質問にどれだけ当てはまるか、それぞれ1（全く当てはまらない）～9（非常に当てはまる）の数字をつけてください。

Q1. ○○さんとの関係よりも大切な関係はない。

Q2. ○○さんとの関わりは揺るぎない。

Q3. ○○さんは私にとって非常に魅力的だ。

Q4. ○○さんとの関係は心地よい。

Q5. ○○さんについて空想にふけるときがある。

Q6. ○○さんなしの生活は考えられない。

Q7. ○○さんを見るだけでドキドキしてしまう。

Q8. ○○さんとの関係はなにものにも邪魔されない。

Q9. 必要なときには○○さんを頼ることができる。

Q10. ○○さんとの関係を終わらせることが想像できない。

Q11. ロマンチックな映画を見ると○○さんを思い出す。

Q12. ○○さんとはうまくコミュニケーションを取れている。

Q13. 気が付くと○○さんのことを考えている。

Q14. 私と○○さんとの関係は温かい。

Q15. ○○さんは私を頼ることができる。

②

15問を愛の三角理論（p90）の3つに分類し、それぞれ付けた点数を合計します。

親密性　Q4＋Q9＋Q12＋Q14＋Q15＝［　　　点］

情熱　Q3＋Q5＋Q7＋Q11＋Q13＝［　　　点］

コミットメント　Q1＋Q2＋Q6＋Q8＋Q10＝［　　　点］

大学生の各要素の平均得点は親密性29点、情熱27点、コミットメント24点でした。平均と比べて、それぞれの点数はどうだったでしょうか。p69の表を参照しながら自分の愛の形を考えるのもいいでしょう。

（『発達・社会から見る人間関係』2009より）

2

ユーモア志向

笑わせたがりは内気な目立ちたがり屋

積極的にジョークを言う人ほど、実は人付き合いが苦手なことが多いのです。

笑わせたいという欲求が強い人は、「目立ちたい」「気を引きたい」という自己顕示欲を持っていますが、同時に他人の目を気にする、同調的な人であることが多い。特に、中高生にはこの傾向が強く見られます。

笑いたい人笑わせたい人

笑いたい

笑いを好む人は、人生を楽しみたいという享楽志向が強い傾向があります。深刻な話や不愉快な表情を表に出して過ごすことを好みません。

また、女性はユーモアから相手の知性や人間性のあたたかみを評価する傾向があります。

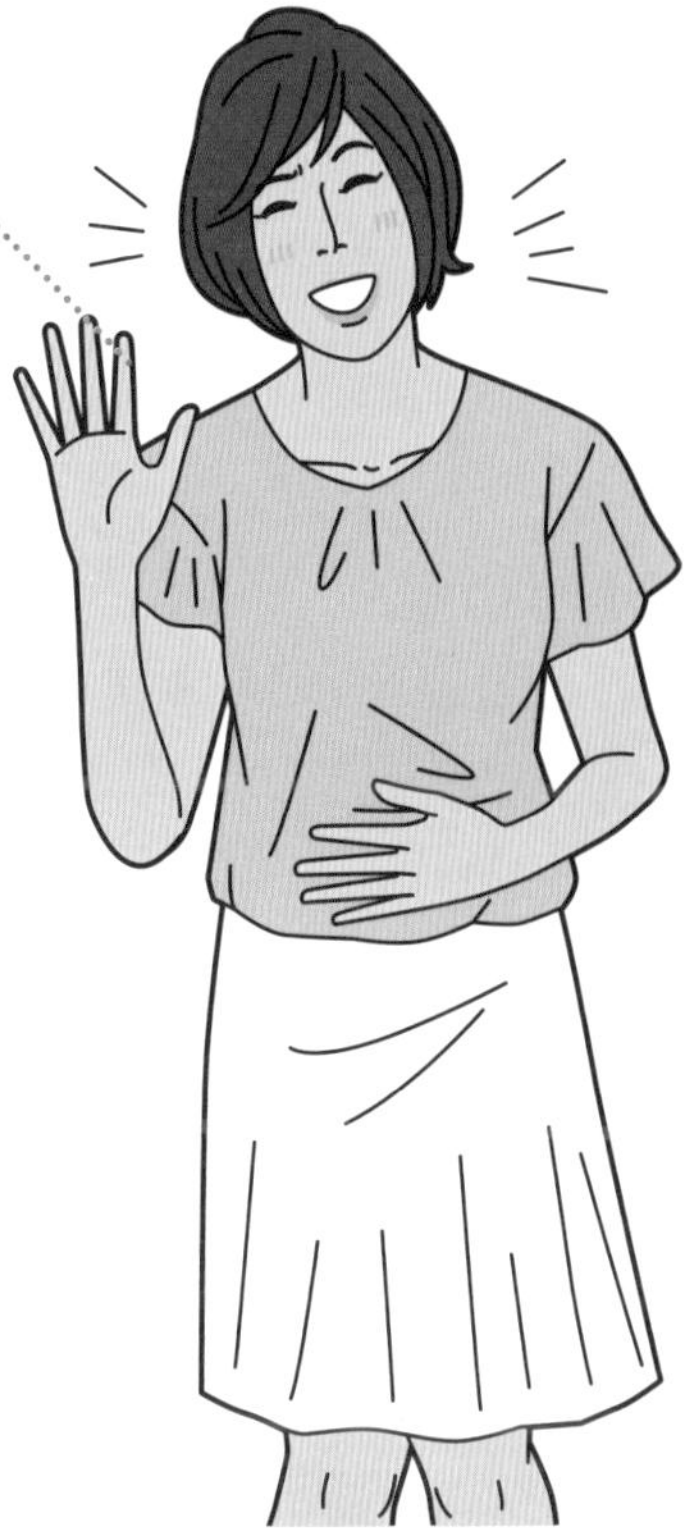

笑わせたい

人を笑わせることに積極的な人は自己顕示欲が強い傾向があります。

笑いは目立つことによって相手に疎まれたり、除け者にされる危険性から自分を守る鎧としての役割も果たします。ユーモアを含んだ言動は相手に好感を与え受け入れてもらいやすくなるのです。

ブラックジョークを好む人は支配的

好きなお笑い芸人を聞けば相手の性格がわかります。

笑いの3分類

遊戯的ユーモア

だじゃれや一発ギャグなど、内容自体にはあまりメッセージがないものがこれに当たります。親和欲求の強い人が好む傾向にあります。

攻撃的ユーモア

風刺やブラックジョーク、自虐など、特定の対象を攻撃することで笑いを得るユーモアです。支配欲求や自律欲求が強い人が好む傾向にあります。

支援的ユーモア

重い問題を軽く感じさせるような冗談。

人を守りたいという養護欲求や共感性が高い人は、支援的ユーモアを好む傾向にあります。

自分のユーモア志向傾向を知ろう

①それぞれの項目について「非常に当てはまる（5点）」から「全く当てはまらない（1点）」の5段階で点数を付けていってください。

- Q1. もっと人を笑わせたい
- Q2. 過激な冗談が好き
- Q3. 寂しそうな人がいると笑わせたくなる
- Q4. 平凡な日常を面白く描いたマンガが好き
- Q5. 笑いには多少毒があるほうが面白い
- Q6. きついことを言って人を笑うことが嫌い
- Q7. 人をなぐさめるために自分の失敗を面白く語ることがある
- Q8. 人間くささのある笑いが好き
- Q9. 嫌なことがあっても笑い飛ばせる
- Q10. ブラックユーモアが好きだ
- Q11. 気が滅入るときでも笑いで自分を励ます
- Q12. もっと笑いたいと思うことがある
- Q13. 単純でわかりやすい笑いが好き
- Q14. 人を傷つけるような笑いが嫌い
- Q15. だじゃれを言うのが好き
- Q16. 険悪な雰囲気の人たちがいると冗談で仲を取り持つ
- Q17. 慌てたり騒ぐ自分が面白く感じて誰かと笑うことがある
- Q18. 変わっている知人の話をよく笑いのタネにする
- Q19. 真面目な話を茶化したくなることがある
- Q20. 人のモノマネを見るのが好き
- Q21. 友人を軽く皮肉って楽しむことがある
- Q22. ドタバタなマンガやお笑いが好き
- Q23. 人を救うようなユーモアが好き
- Q24. 友人を励ますために笑いを取ろうとする

②24問を3つに分類してそれぞれ付けた点数を合計します。

遊戯的ユーモア

Q1＋Q4＋Q8＋Q12＋Q13＋Q15＋Q20＋Q22＝[　　点]

攻撃的ユーモア

Q2＋Q5＋Q6（逆転）＋Q10＋Q14（逆転）＋Q18＋Q19＋Q21＝[　　点]

支援的ユーモア

Q3＋Q7＋Q9＋Q11＋Q16＋Q17＋Q23＋Q24＝[　　点]

（逆転）の項目は1点であれば5点、4点であれば2点、のように点数を逆転させて計算します。

（『性格と対人関係』2000より）

仰向け寝は自信家、うつぶせ寝は気配りさん

寝相から自分の本当の性格がわかるかも?

性格が表れる「スリープポジション」

仰向けやうつぶせなどの寝る姿勢は人によりクセがあります。アメリカの精神分析医のダンケルは、この寝相を性格や深層心理状態の表れとし、「スリープポジション」を分類しました。

抱え

顔や内臓を隠すように丸まった形で横になって眠る体勢です。自分の殻に閉じこもりがちで、守ってくれる人に依存しがちな傾向があります。

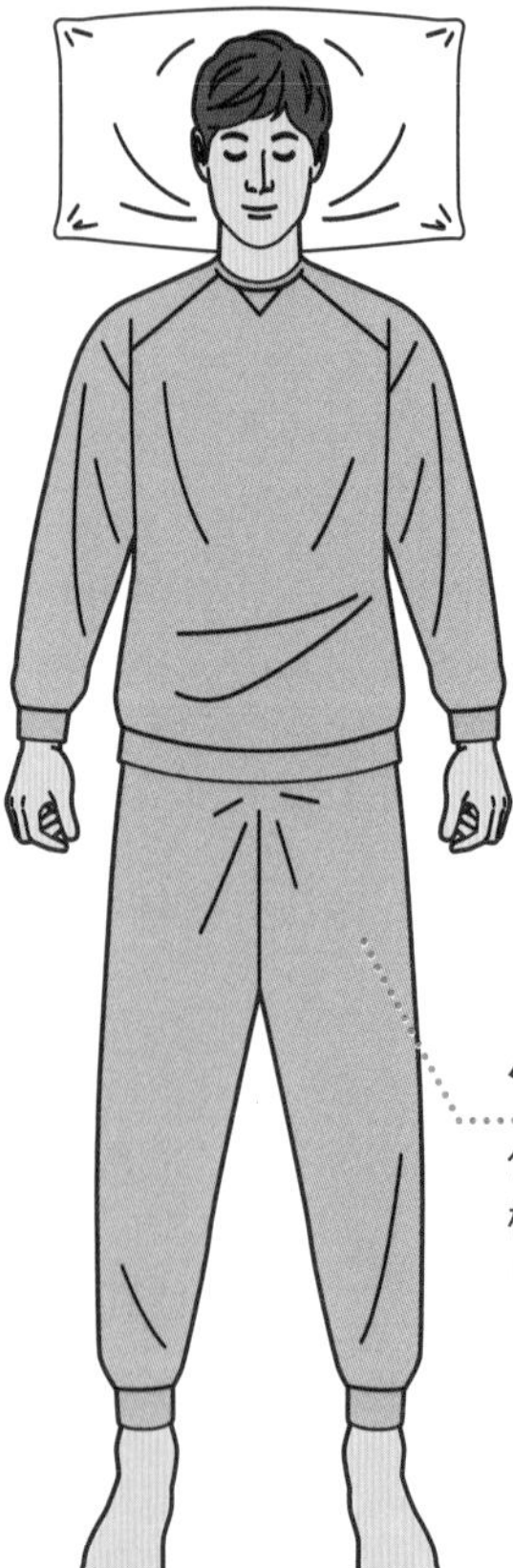

仰向け

仰向けに寝る人は安定した人柄で柔軟な精神を持ちます。自信が強く、オープンな性格でもあります。

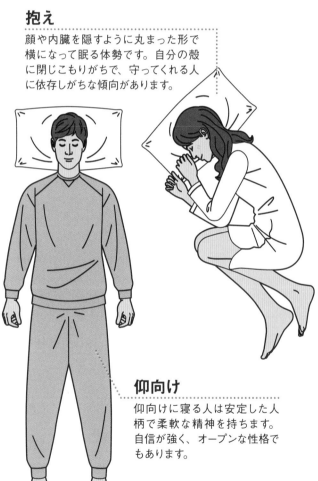

横向き

横を向いて膝を少し曲げる体勢。バランスの取れた安定した性格で人に安心感を与えます。

ごめん寝

眠りを拒否する姿勢で、子どもによく見られます。早く眠りから覚め、昼の世界に戻りたいと望んでいます。

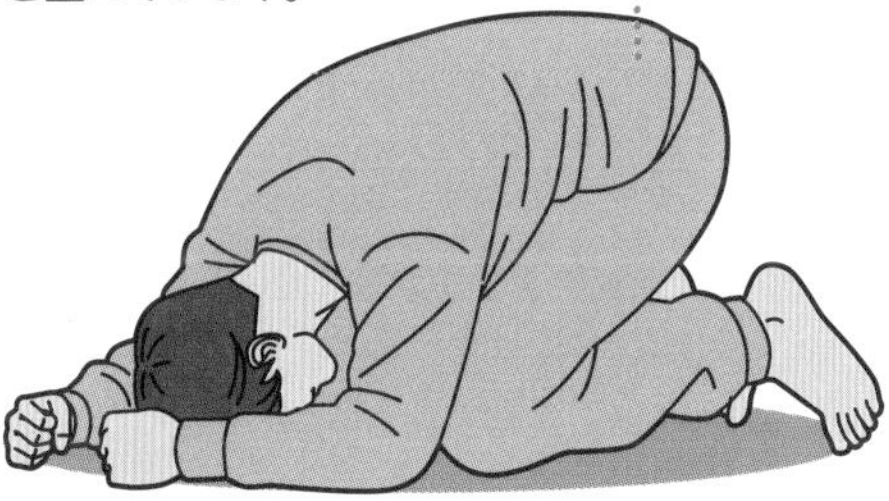

うつぶせ

うつぶせ寝はベッドを独占しようとするスタイル。自分が中心になっていたいタイプで、常に周囲に気を配る几帳面な性格でもあります。

パーソナルスペースの拡大

態度や声が大きい人は実は小心者

高圧的や喧嘩腰な態度は警戒心の強さの裏返しです。

電車で脚を広げて座ったり、公共の場で大声で話したり、傍若無人と思える行動をとる人を見かけることは少なくありません。実は、そういう人ほど周囲が気になり、不安に思ってしまう小心者タイプであることが多いのです。

パーソナルスペースは、体だけでなく音でも生まれます。「自分が出した音が聞こえる範囲」がなわばりとして認識されるのです。ですから、周囲との接触を不安に思う人ほど大声を出してなわばりを広げようとする傾向があります。

威かくは不安の表れ

すぐに大声で怒鳴る、高圧的な態度で相手を責めるような人は、不安を打ち消そうと過剰に強い態度を取っているのです。

大声を上げる

大声は本来、自信の表れです。しかし、小心者である自分を隠そうとわざと大声を出す場合も少なくありません。

また、声は自身のなわばりを広げる手段でもあります。声の届く範囲を広げることで、自分のなわばりを主張しているのです。

前のめりの姿勢

前傾姿勢も、基本的には自分の強さをアピールするしぐさです。しかし、上半身を前に突き出したようなポーズは、急所を守る防衛的な姿勢なのです。

前のめりの体勢はスペースを大きく取るため、パーソナルスペースを広げる効果もあります。腰に腕を当てるしぐさなどと合わせて、周囲を威かくしている人によく見られるポーズといえるでしょう。

攻撃的な腕組み、防衛的な腕組み

腕組みと一言に言っても、正反対の意味を持つことも。

高い位置で浅めの腕組み
自信や敵意の高い人がする腕組みです。拳を握っている場合、より攻撃的な気持ちがあるといえるでしょう。

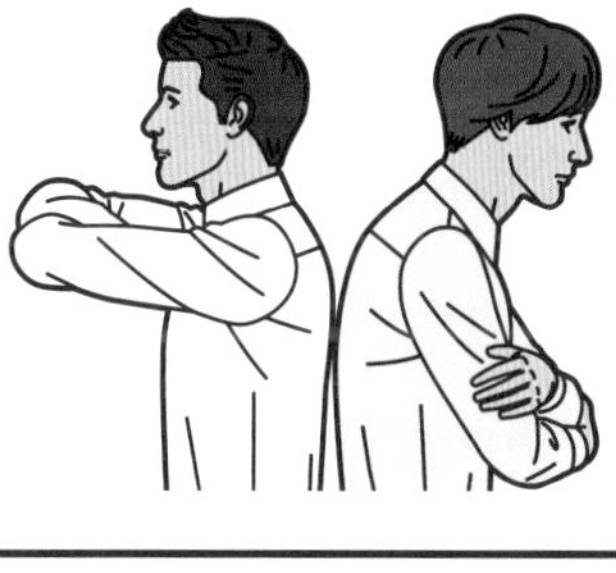

低い位置で浅めの腕組み
不安感を持つ人がしがちな腕組みです。不安が強い場合、二の腕や肩を摑み背中が丸まります。

パーソナリティ障害

拒絶が怖くて対人関係が築けない

誰かの許可がないと動けないのは、否定されるのを極端に恐れているのが原因かも。

物事の捉え方や考え方が極端に偏り、社会生活を送るのが困難になるのが「パーソナリティ障害」です。

パーソナリティ障害は次のページで紹介するA～C群の３種に大別することができ、中でも人間関係に著しい不安を抱くのがC群です。他人から拒絶されるのを極端に恐れたり、常に誰かと一緒にいたい依存欲求が強いことなどが特徴です。

パーソナリティ障害分類

パーソナリティ障害の３分類はそれぞれ「ありえない考えに陥りやすい」Ａ群、「感情表現が過剰すぎたり、周囲を振り回す」Ｂ群、「人間関係に過剰に不安を抱く」Ｃ群という特徴によって分けられています。

Ａ群 妄想を抱きやすい、風変わりで奇妙な性格です。

迷信を信じる

統合失調型パーソナリティ障害

非現実的な考えや知覚に支配されていることが最大の特徴です。人との関係には必ずしも消極的ではありませんが、ぎくしゃくする傾向があります。

引きこもりがち

スキゾイドパーソナリティ障害

他人への関心が乏しく孤独を好む特徴があります。喜怒哀楽の感情を乏しく、表情も平坦な傾向があります。周囲からの評価に無頓着です。

人の話に悪意を感じる

妄想性パーソナリティ障害

他人に極端な疑いを持ちます。一度人に心を開くと、相手の存在を非常に特別視しますが、その分猜疑心も強まる傾向にあります。

Ｂ群 感情の起伏が激しく、他人からの注目を求めます。

- **反社会的パーソナリティ障害** ● 法に触れるような行動を取る
- **演技性パーソナリティ障害** ● 芝居がかった行動を取る
- **境界性パーソナリティ障害** ● 衝動的、感情の起伏が激しい
- **自己愛性パーソナリティ障害** ● 共感能力に欠け、賞賛を求める

Ｃ群 対人関係が苦手で、ストレスを溜め込みやすい性格です。

- **回避性パーソナリティ障害** ● 他人からの拒絶を恐れ、対人関係が築けない
- **依存性パーソナリティ障害** ● 依存欲求が強く、誰かと離れることを恐れる
- **強迫性パーソナリティ障害** ● 完全主義者で、柔軟性がない

資格ひとつあるだけで印象は180度変わる

たったひとつの好印象で全体の評価を上げることも可能です。

ひとつの特徴が、他の特徴の認識を歪めてしまうことを「**ハロー効果**」といいます。

「地味で冴えない」印象の人物でも、ひとつ大きな長所を加えることで「魅力的な人物」に見せることができます。

たとえば「TOEIC 高得点」という特徴は、英語力を重視する人に対して大きなハロー効果が期待できます。資格や学歴は多くの人に影響を与えやすく、ハロー効果が起きやすい特徴といえます。

ほかにも普段の行動や外見でもハロー効果は起こります。挨拶をしっかりする、姿勢を正す、身だしなみを整えるといった小さな変化でも相手に与える印象は大きく変わるかもしれません。

ポジティブハローとネガティブハロー

ハロー効果には全体の印象を良くする（ポジティブハロー）だけでなく、逆に全体の印象を悪くする（ネガティブハロー）効果もあります。目立つ印象はそれだけ自分への評価に影響することを意識しましょう。

＋ 毎朝あいさつをする社員を「何事にも真面目で積極的」と評価する

－ 成績の悪い生徒に対して「素行に問題がある」と判断する

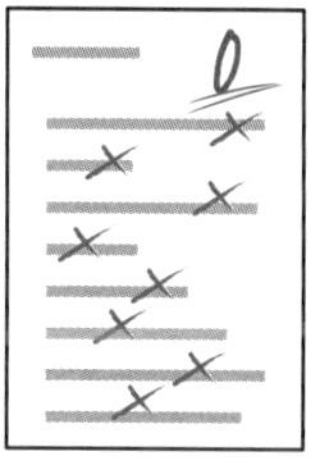

＋ 有名大学卒というだけで「仕事ができる」と思い込む

－ 高卒の社員が成果を上げても「たまたまだ」と評価しない

＋ おしゃれな人を「明るく社交的」と好感を持つ

－ 太っている人を「自己管理能力が低い」と決めつける

環境の過剰負荷

人混みが苦手な人はオンオフの差が激しい

職場で無愛想なあの人も、私生活では別の顔を見せているかもしれません。

音や臭い、他人の行動などの外部からの刺激を大量に受けて、それが大きな負担になっている状態を「環境の過剰負荷」といいます。

環境の過剰負荷の状況にある人は、身を守るために外部との繋がりを制限しようとします。

オフのときは友人や家族と感情豊かにコミュニケーションをとる人が、仕事中は極端に無表情になったり、同僚との連絡先交換を嫌がったりと冷淡に思える行動を取るようになるのです。

過剰負荷環境へのリアクション

過剰負荷に対する最も効果的な方法は完全に引きこもることですが、それでは社会生活を送ることはできません。人は入ってくる情報を最低限に抑えることで現代の過剰負荷環境に順応しているのです。

重要でないもの以外は意識しない

電車ではスマホを弄り、まわりを見ないなど。

物事をできるだけ短時間で処理する

人に道を聞かれても、「わかりません」と無愛想に答えるなど。

個人的な関わりをできるだけ少なくする

飲み会の誘いを断る、連絡先を交換しないなど。

他人に任せ、自分では責任を負わない

「私の担当じゃない」といって関わろうとしないなど。

過剰負荷環境で行動が過激になる?

大量の人や情報で溢れている環境は不安やストレスを引き起こすことがある反面、逆に自己主張行動が激しくなったり、普段は抑えられている衝動的な感情が表に出やすくなります。

大規模なお祭りで犯罪行為が起こりやすいのは、過剰に過密な状態では「大勢のうちのひとり」という匿名性が大きくなるためです。匿名性が高まると責任感が薄くなったり、衝動的、暴力的な気持ちが強くなります。

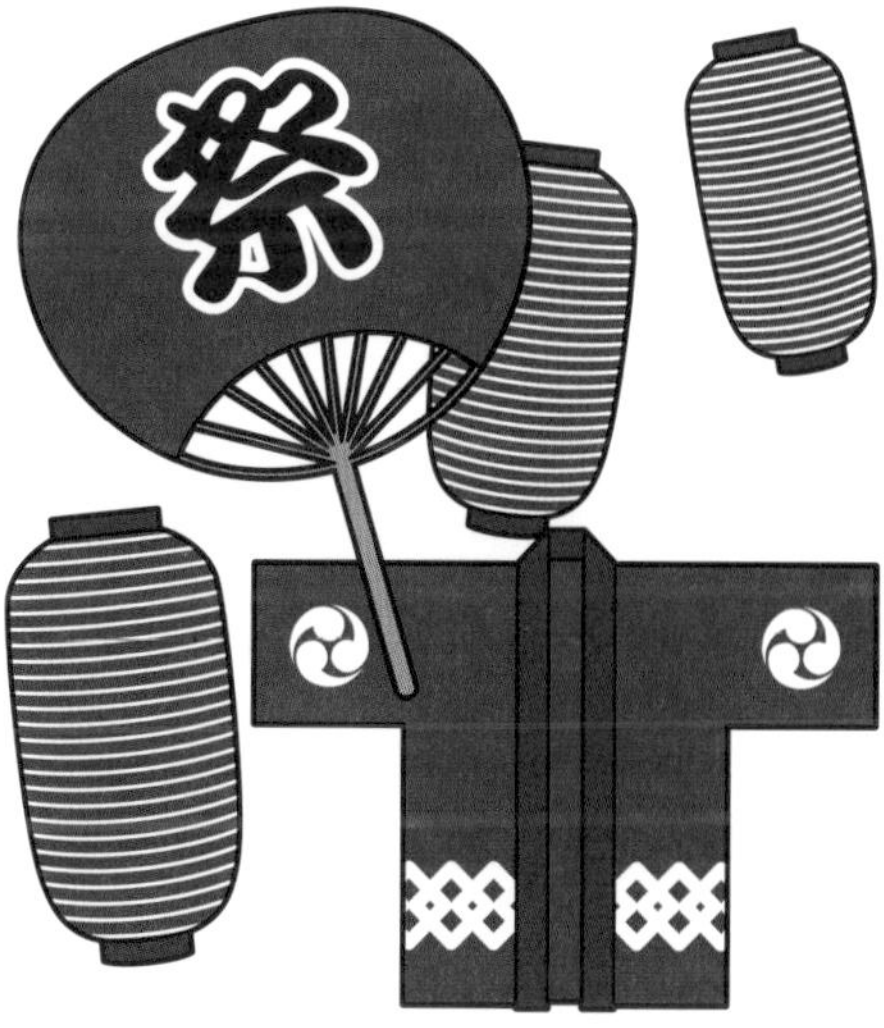

「絶対言わないで」は言っていいよのフリ

禁止された行為こそ、やりたくなるのが人間です。

心理的リアクタンスとカリギュラ効果

自分の行動を他人に強制されたり、禁止されると、相手に反発したくなることがあります。これは、ブレームの提唱した自分の自由を守るために行動する「心理的リアクタンス」の効果です。「勉強しなさい」「○○に投票して」などの強い説得を受けると「やろうと思ってたのに」といって反発する「ブーメラン効果」も心理的リアクタンスにより引き起こされます。

「カリギュラ効果」はある行為を禁止されると、かえって意識してしまい、禁止されたことをやりたくなる心理効果を指します。相手の行動を禁止する「○○しないで」という言い方は、逆にその行為を促してしまう可能性があるので注意が必要です。

日常の心理的リアクタンス

心理的リアクタンスが抑えられる例

飲食店などのトイレで「いつもきれいに使っていただきありがとうございます」という貼り紙を目にすることがあります。「きれいに使ってください」「汚さないで」と書くよりも心理的リアクタンスが抑えられるため、説得効果が上がるのです。

心理的リアクタンスが刺激される例

「きみって○○な人だよね」と自分の性格や特徴を決めつけられると、反射的に「そんなことない」と反発したくなります。決めつけるような言い方は相手の行動に圧力をかけ、反発心を刺激するのです。

気をつけるほどやってしまう?リバウンド効果

全く知らないAさんの悪口を聞かされたときに、「会ってもいない人に偏見を持つのはいけない」と自分の偏見を抑えようと強く意識すると、かえって偏見の意識が強化されることがあります。実は、自分自身で「しないように」と制限をかけた場合でも、反発行動が起こりやすくなることがあるのです。これを「抑制思考のリバウンド効果」と呼びます。

ダイエット中には「脂っこいものをやめよう」「甘いものをやめよう」と考えるより、「何を食べるようにするか」を考えたほうがダイエット効果が出るといわれています。好ましくない考えや感情をコントロールしようという思考にエネルギーを割くのではなく「何をするのか」に注目するのが重要なのです。

目線が左右に動いていたら脈なしの印

目線の動きは感情や思考パターンと密接に結びついています。

右上を向いている

数字や文章の組み立てなど、論理的思考のときには右上に視線をやることが多くなります。
今後起こりうる未来について考えているときも。

左脳タイプ

科学や計算が得意
客観的、分析的、
論理的
睡眠時間が短い

左上を向いている

地図を思い浮かべるなど、空間を把握しようとするときには左上を向きがちになります。
過去の体験を思い出すときも。

右脳タイプ

空間や図形を捉えるのが得意
直感的、総合的
暗示や催眠にかかりやすい

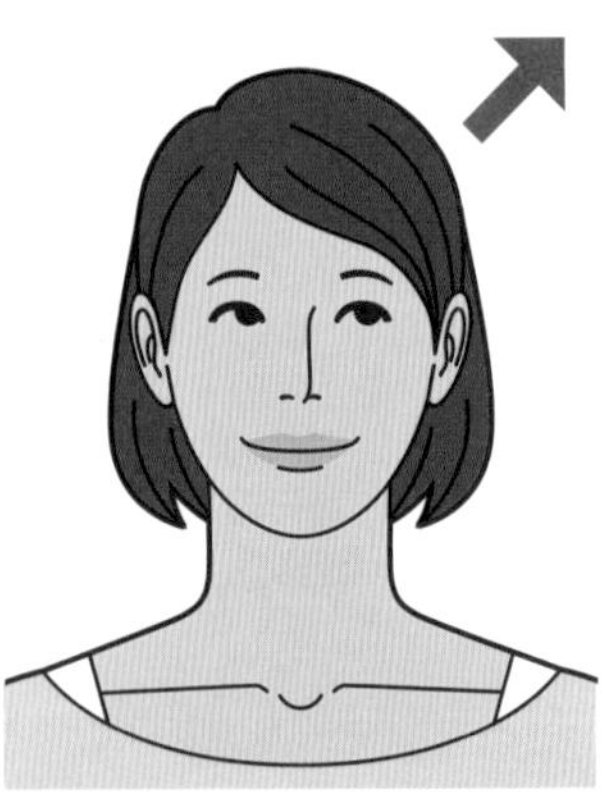

本音がわかる目線の動き

視線の方向や動かし方は、その人の心理状況に大きな影響を受けています。

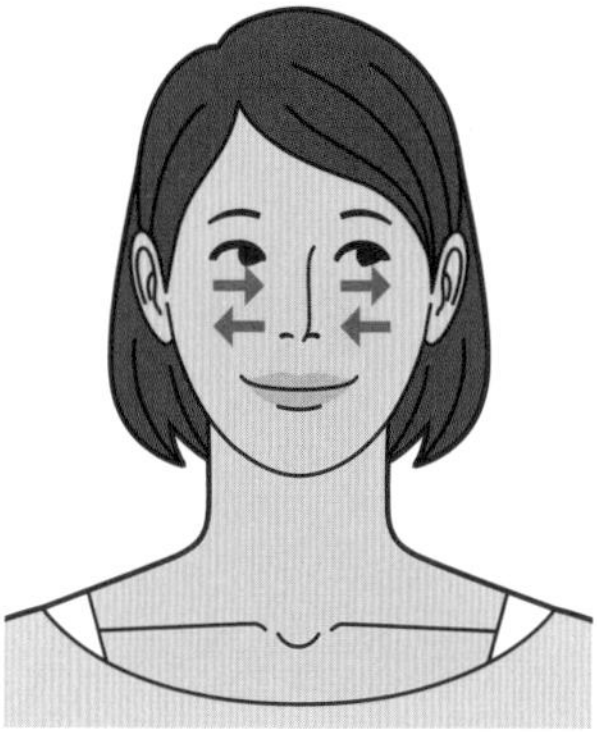

目線を左右に動かす

関心のなさの表れで、相手に集中しておらず周囲に気が向いています。

目線を上下に動かす

相手自身や話の内容に興味、好意があり、集中しています。

（不安、緊張しているときの目の動き）

● キョロキョロする
→無関心、緊張している

● まばたきが多い
→不安や緊張の表れ

● 目を合わせない
→不安、自信がない

● 下にそらす
→恐怖、拒絶、嫌悪

（安心、集中しているときの目の動き）

● 上目づかい
→甘え、信頼している

● 目が合うとそらす
→相手を意識している

● 見下ろす
→自分が格上という支配欲の表れ

心理クイズ 2

こんなときどうする?

Q1 秘密の相談をしたとき

同僚に相談にのってもらったとき、内容を伏せていてもらいたいことは少なくありません。そんなときにはなんと伝えるのがよいでしょう。

①誰にも言わないで。

②自分で伝えるからそれまで言わないでね。

③秘密にしてくれてありがとう。

④２人だけの秘密ね。

A ③秘密にしてくれてありがとう。

「〜しないで」という相手の行動を制限するフレーズは、かえってその行動を促してしまうことがあります。期待する行動に対し、先に感謝を示すことで誘導するといいでしょう。

Q2 話題を変えるとき

相手が話に興味を持っているか意識することは、会話をスムーズに進めるなかで大切です。
次の①〜④の中で、「話に飽きている」人がしやすいしぐさはどれでしょう。

①視線が上下に動く

②両手を机の上に乗せる

③前屈みになる

④うなずきが急に増える

A ④うなずきが急に増える

うなずきは話を促す効果があるので、うなずく回数が急に増える場合は「早く終わらないかな」と思われている可能性が。①〜③は逆に、話に集中しているときに表れやすいしぐさです。

※行動を制限したいときの言葉は p92、話を聞くしぐさについては p44 や p66、p94 で復習しましょう。

第3章

ビジネスで役立つ心理学

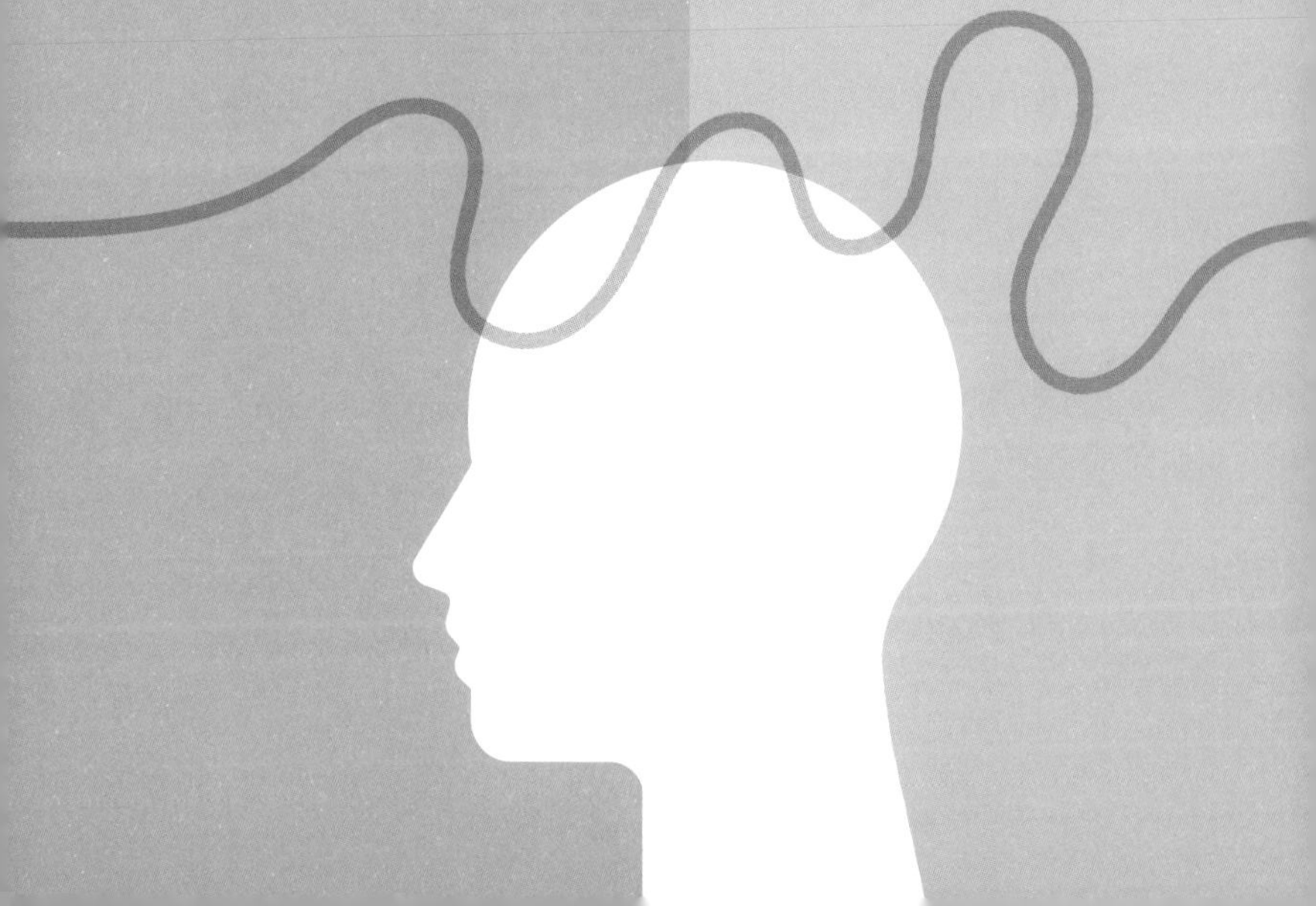

3

ビジネスで役立つ心理学

人対人のビジネスは心理学で円滑に進む

働く人によって職場は生活の中心といっても過言ではありません。それだけに、より仕事に集中できるストレスの少ない環境を維持することが大切です。職場の人たちの心理を読み取り、自分の行動が相手に与える影響を考え対応する。心理学に基づいたテクニックを使えば、仕事の環境はよりよくなっていくでしょう。

「上司の考えていることがわからない」「部下がやる気を出さない」といった仕事での悩みは、いつの時代も尽きることはありません。人の考え方や行動には個性があり、もちろん職場の同僚や、上司、部下など立場に関わらず、それぞれ独自の考えを持っています。各自の個性と複雑な人間関係で衝突や対立が起きることも当然あります。現代の社会状況の不安定さや先行きが不透明な焦燥感も相まって、余裕のない職場環境の人も少なくないのではないでしょうか。

　しかし、お互いの性格や考え方を理解できれば人間関係はよい方向へ進みます。人間関係の円滑さは仕事にもよい影響を与えていくでしょう。第3章では同僚や上司、あるいは部下はなぜこのような行動をするのか、どう動けばいいのかを心理学的な視点で考えていきます。仕事は1人ではできません。実りある職場を作るには、上下関係や性別、年齢に関わらず、安定した人間関係を築くことが大切なのです。

　職場の人たちの性格や心理状況を理解することで、新たな人間関係を築いていけるはずです。また、会議や他社との交渉、プレゼンテーションに心理学を生かすこともできるでしょう。

　心理学はビジネスの場で広く活躍するのです。

心理学が生かせる仕事のポイント

上司
厳しい、優しい態度の裏の真意を汲み取ることで良好な関係を築けます

同僚
協力と競争のバランスが取れればお互いにいい影響を及ぼします

部下
新人の言動には付き合いかたのヒントが多く隠されています

チーム
協力し合うことは重要ですが、仲良くしすぎるのも注意が必要です

責任感
適度に責任感を持つことで、やる気が上がり作業効率もアップします

交渉
自分の希望を通すには心理的なテクニックを利用することがポイントです

職場の環境を整えるポイント

仕事はひとりではできないことを意識しよう！

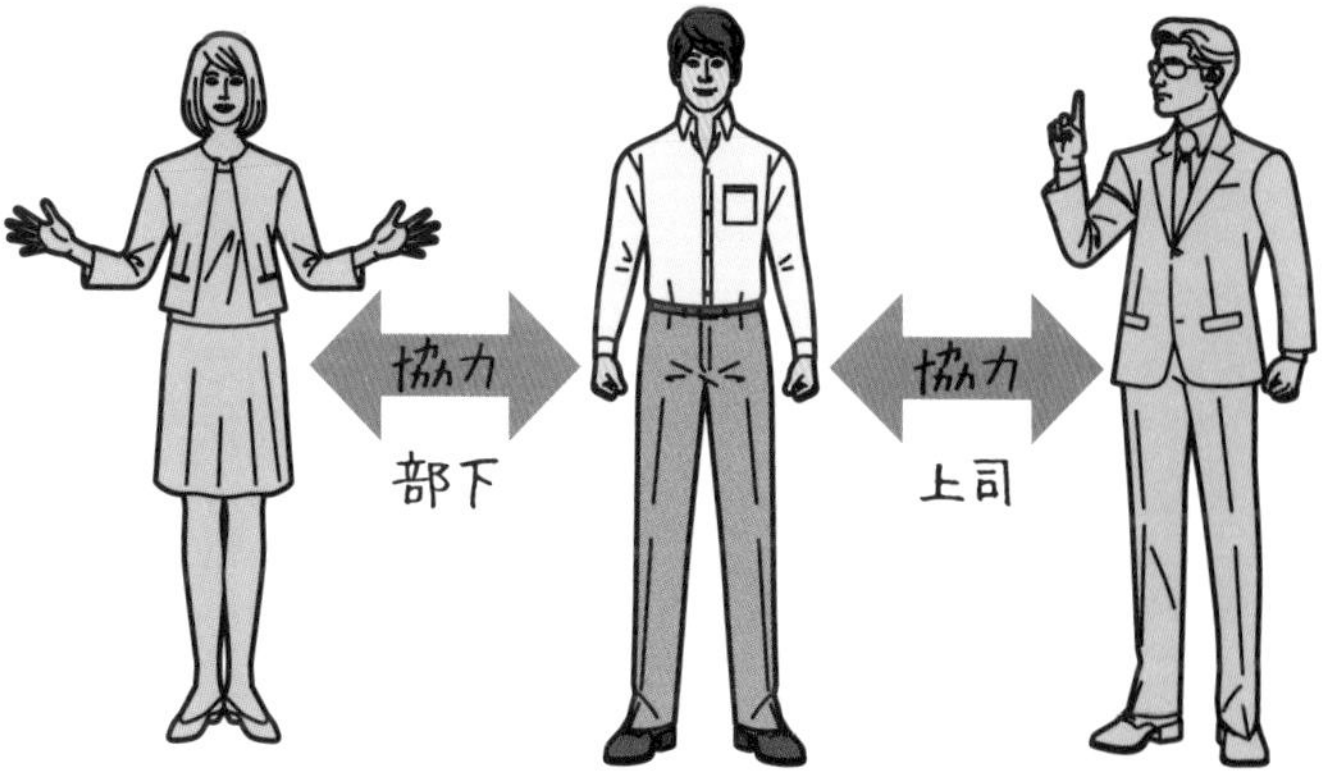

仕事がうまくいかないとき、ついつい自分や人の能力不足が原因だと思いがちです。しかし、仕事の多くは人と人が協力して行うもの。お互いの関わりあいかたを見つめなおすことで作業の質も効率も改善されることは少なくありません。

「君ならもっとできる」が部下を育てる

上司の「若者批判」は自分の優秀さを認めてもらいたい気持ちの表れかもしれません。

人は多彩な能力や個性をもった人間になりたいという「成長」の欲求を持っているという考え。底辺から上位へと順番に欲求が生まれていきます。この考えを**「マズローの欲求5段階説」**といいます。

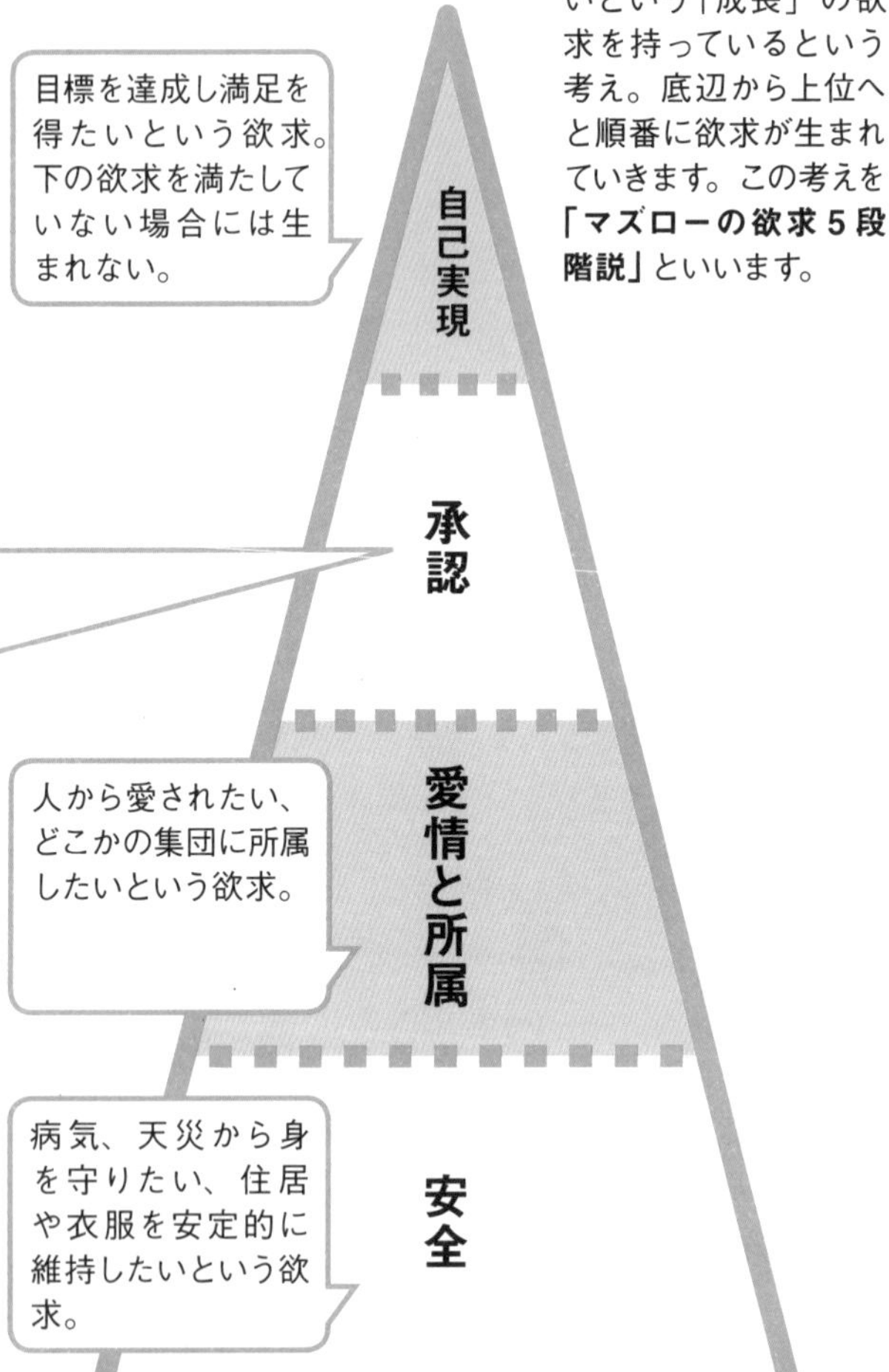
自己実現
目標を達成し満足を得たいという欲求。下の欲求を満たしていない場合には生まれない。
承認
愛情と所属
人から愛されたい、どこかの集団に所属したいという欲求。
安全
病気、天災から身を守りたい、住居や衣服を安定的に維持したいという欲求。
生理的欲求
食欲や睡眠欲、性欲などの生きるための本能的な欲求。

承認の欲求

現代の日本では多くの人が家族、学校、会社などの集団に所属し、その中で自分が必要とされたい、認められたいという「愛情と所属」「承認」の欲求段階にいます。人に認められたいという気持ちが行動を起こすモチベーションになっているのです。

上司の承認

上司に叱られたとき「今どきの若者は」と言われたことはありませんか。上司は「自分が若いときは頑張っていた」「優秀だった」と主張することで、あなたに尊敬の気持ちを持ってほしいのかもしれません。上司とよい関係を築くには、相手を敬う気持ちをわかりやすく表しましょう。

同僚の承認

道具の貸し借りや電話の取次など、小さな事柄でも感謝の気持ちを伝えることを意識しましょう。感謝されることで承認欲求が高まり、さらに相手にも感謝を示そうという気持ちが働いてお互いを尊敬し合えるよい関係が築けます。

部下の承認

部下の失敗を注意するときには「君はもっとできるはず」と、期待していることを伝えましょう。頭ごなしに叱ると相手の自尊心を傷つけモチベーションが下がる危険性があります。承認欲求を満たす叱り方が部下と上手く付き合うポイントです。

二重拘束（ダブルバインド）

言葉としぐさがちぐはぐな指示はやる気を奪う

優しく言い聞かせているつもりでも、相手の受け取り方は違うかもしれません。

二重拘束とは？

肯定的な言葉を投げかける一方で否定的な表情をしているなど、２つの矛盾した情報で相手を萎縮させることを「二重拘束（ダブルバインド）」といいます。

第1メッセージ

主に言葉で伝えられます。賞賛や指示など、第１メッセージだけ見たときには問題のない言葉に思えます。

第2メッセージ

第１メッセージを否定する、矛盾した内容が表情やしぐさ、態度など第１メッセージとは違う手段で伝えられます。

第3メッセージ

自分より上の立場の人からメッセージを受けることで２つのメッセージの矛盾から逃げることを許さない圧力が第３のメッセージとなります。

言葉よりもしぐさを優先

言葉としぐさの伝える内容が異なるとき、人は「しぐさで表されることが本音」と感じやすい傾向にあります。優しく接しているつもりでも、腕組みなどの威圧的なしぐさをしていれば、相手にその気持ちは伝わりにくくなります。

職場で起こる二重拘束

①「定時で帰っていいよ」

「仕事が終わったら帰っていいよ」と言われたので定時で帰る支度をしていると「もう帰るの」と責められ、残っていると「まだ終わらないの」と仕事が遅いと叱られます。どちらを選択しても責められるのが二重拘束の大きな特徴です。

②「自分で考えて」

質問したら「それぐらい自分で考えて」と返されたので、自分で判断したところ「勝手に判断しないで」と叱られる。入社したばかりのころに起きやすい二重拘束で、一度は経験したことがあるのではないでしょうか。

二重拘束はやる気を奪う

二重拘束は相手がどのような行動を取ってもそれを罰することができるので、相手を支配するのに有効な方法として使われがちです。しかし、支配された相手は無力感から活力を失い、結果的に何もしないという選択をするようになります。人と接する際は矛盾した指示を出していないか、しぐさや表情と言葉がちぐはぐではないか注意してみるといいでしょう。

アサーション

上司と意見をぶつけるときは一度寄り添うべし

相手を言い負かすのではなく、理解する姿勢を見せましょう。

アサーションとは？

相手の意見を尊重しながらも、自分の意見を素直に話す姿勢のことを「アサーション」といいます。

しかし、アサーションでは反対意見を伝えることを「お互いを尊重して意見を出しあう」と捉えます。
まず相手の話を聞き、肯定します。そのあとで自分の意見を提案し、対話の姿勢を示します。そうすることで相手もこちらの言葉に耳を貸す気になるでしょう。

反対したい意見への反応3パターン

～ということだ

人は納得ができない場面において、下の３つの反応のうちのどれかを行う傾向があります。

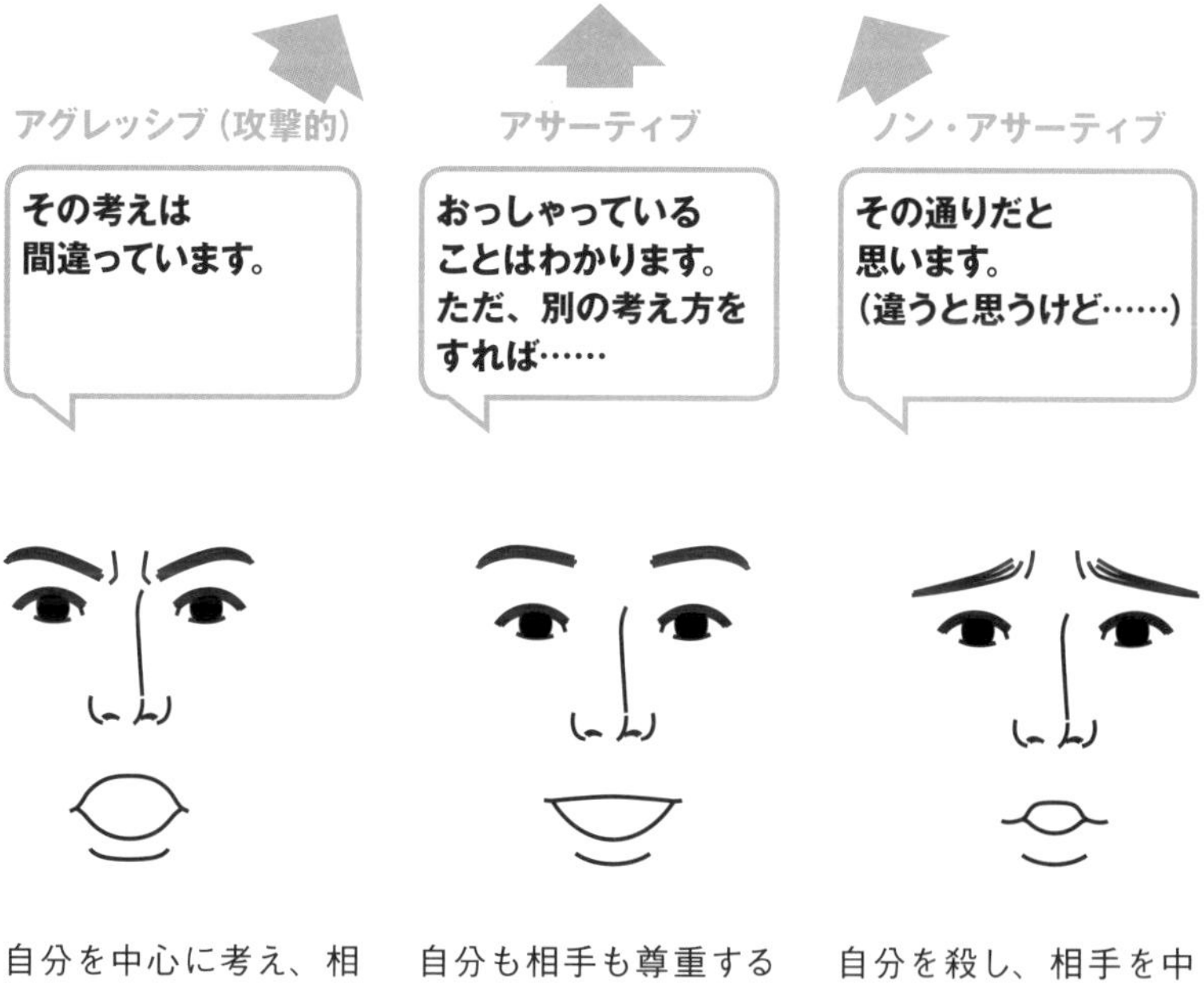
アグレッシブ（攻撃的）
その考えは間違っています。
アサーティブ
おっしゃっていることはわかります。ただ、別の考え方をすれば……
ノン・アサーティブ
その通りだと思います。（違うと思うけど……）

自分を中心に考え、相手へ配慮しない攻撃的な反応です。口調は優しくても、有無を言わせないような態度も含まれます。

自分も相手も尊重する反応です。自分の気持ちをしっかり主張しながらも、相手にも配慮し妥協点を探します。

自分を殺し、相手を中心に考える反応です。自分の行動に満足できないので、自己嫌悪や相手への不満が溜まりやすくなります。

「忙しい」が口癖の同僚は自分に自信がない

人はついつい言い訳できる環境を整えてしまうものなのです。

セルフ・ハンディキャッピングとは？

自分が失敗するかもしれないと思ったとき、あえて努力することをやめたり、失敗する要因を自ら作ったりする行為を「セルフ・ハンディキャッピング」といいます。自分への期待を下げることで、「期待はずれ」によって評価が下がることを回避しようとする行動です。

仕事の期限が迫っているのに別の仕事を始めたり、「忙しい」とアピールする人は「失敗しても仕方がなかった」と評価が下がらないよう言い訳を作っています。

試験前に突然部屋の掃除を始めたり、直前に「全然勉強しなかった」と友だちと言い合ったりといった経験が一度はあるのではないでしょうか。これもセルフ・ハンディキャッピングといえます。

セルフ・ハンディキャッピングのリアクション

失敗する状況を作る

自分の能力以上の量の仕事を引き受けるなど、自ら失敗する原因を作ります。

言い訳を口に出す

「他の仕事が忙しかった」といった、失敗した理由を周囲に言いふらします。

環境のせいにする

「スケジュールに無理がある」「課題に問題があった」と自分以外の責任を訴えます。

問題から逃げる

仕事を忘れたフリをするなど、問題対処を先延ばしにして逃げようとします。

セルフ・ハンディキャッピングから抜け出す

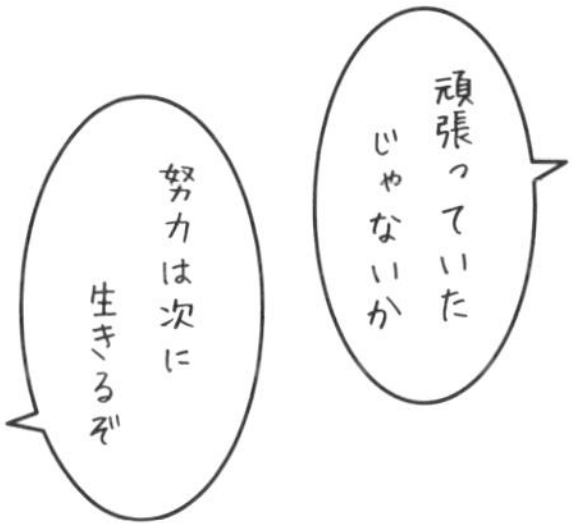

本人が「努力が足りなかったから失敗しただけ」という言い訳を抱えていてはセルフ・ハンディキャッピングからはなかなか抜けだせません。結果が出なかった場合でも、課題が簡単だった場合でも、努力や過程を褒めることで「努力をした自分」のイメージを強めるようにしましょう。

制服のある職場は結束力が高い

メンバーにとって居心地の良い環境を整えてチームの団結を高めましょう。

チームのまとまり＝集団凝集性を高める5つの要因

①

共通の目標

目標がはっきりとしていて、魅力的であるほどチームの結束は高まります。

②

協力関係

③

チーム内のルール

集団内で規範やルールを決めることで、チームとしての形が維持されます。

④

役割

目標を達成するために各自に役割があり、コミュニケーションが取れるかどうかは集団維持に大きく関わります。

⑤

魅力

メンバーがチームに留まりたいと思うような魅力が必要です。

心地よい人間関係の魅力
＋
目標を達成するための環境としての魅力
＝集団凝集性

チームの同質性

チームを作ると、メンバーの同質性（仲間意識）とチーム外の人との異質性という２つの性質を持つようになります。このメンバーの同質性を高めることで、チームの結束を高めることができます。

関心・活動を共有する

集団には元々似た者同士が集まりやすい傾向があります。更にお互いの関心や活動を共有することによってより同質性が高まります。

言葉遣い、服装を似せる

メンバーに共通点がない場合は、服装や言葉遣いなどの目立ちやすい特徴を近づけることで類似性を高め、集団同質性を強めます。

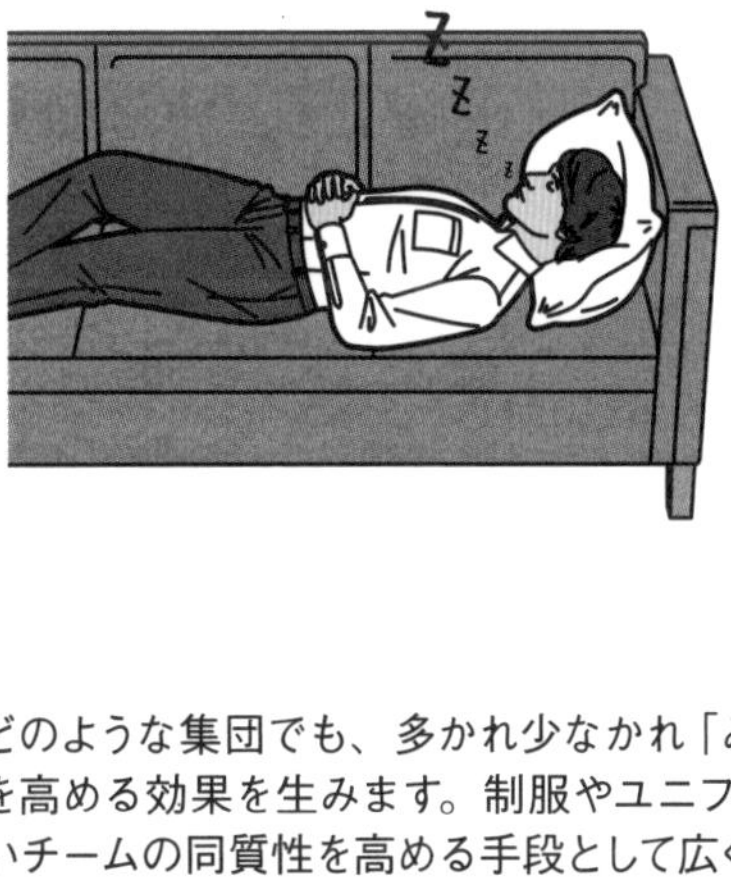

共有のために時間、エネルギーを使う

泊まりがけでの仕事など、チーム内での活動に多くの時間やエネルギーを使わなければいけない場合、外の集団との関わりが少なくなり、チーム外の異質性、チーム内の同質性が高まります。

どのような集団でも、多かれ少なかれ「みんな同じ」ということがチームの結束を高める効果を生みます。制服やユニフォームなどの服装規定は、類似性の低いチームの同質性を高める手段として広く使われています。

理想のリーダーは理論的かつ友好的

集団をまとめるリーダーの能力によって、組織が受け取れるメリットは大きく変化します。

PM理論とは？

1984年に社会心理学者の三隅二不二によって提唱されたリーダーシップ論の1つ。
集団をまとめるリーダーシップを「目標の達成を指向するP機能」と「人間関係に配慮しようとするM機能」の2つのバランスで4つに分類しています。

P機能

目標のためのスケジュールを練ったり計画を立てたりする理論的なリーダーシップ。メンバーに適切な指示や命令を行い、具体的な結果や数字を求める傾向があります。

M機能

和やかな雰囲気を作ったり集団行動をスムーズに進めるリーダーシップ。メンバーを理解し、友好的な空気を作る人間関係を重視したタイプです。

リーダーシップ高

PM型
理想のリーダー

目標を明確にして指示を出し、メンバーの様子や集団のまとまりにも気を配ります。

Pm型
成果重視型リーダー

結果を残す一方で、集団をまとめるのが苦手で人望はありません。

pM型（遊び型）
チームワーク型リーダー

集団のまとまりはよくなりますが、仕事には甘く成果が上がらない場合も。

pm型（ほどほど型）
リーダー適正の低いタイプ

個人で仕事をしている分には優秀でも、まとめ役としては上手く機能しません。

リーダーシップ低

会社の経営が危機的

P 型リーダー向き

経営が危機的状況にあるときはPM 型、Pm 型リーダーが能力を発揮します。

メンバーを適切に配置し、計画的に仕事を処理していくP 型リーダーは、積み重なる問題を正確に処理し成果を上げていきます。

会社の経営が順調

M 型リーダー向き

会社の経営が順調なときは、PM型やpM 型のリーダーの長所が有効に働きやすくなります。

メンバーのモラルややる気、チームの団結力を高める能力に優れたM型リーダーは、メンバー個々人の成長を促し優秀な人材を育てていきます。

リーダーのタイプは変わることができる

リーダーのタイプは最初から決定しているわけではなく、研修など適切な教育を行うことで理想とするPM 型に成長できます。

カリスマ型リーダー

能力ではなく、本人の強い魅力によってリーダーに選出されることがあります。

カリスマリーダーは魅力的な外見や自信、自己決定力を持ち、集団が必要としている以上の指導力を発揮します。メンバーはその人をリーダーとしている集団に誇りを持ち、リーダーと繋がりのある集団の一員としての自分に自尊感情を抱きます。

カリスマ型のリーダーはメンバーの貢献度、楽観性、自尊感情を高めますが、個人的な利害を越えてリーダーへ忠誠を誓うため、集団が暴走する危険もあることに注意が必要です。

優秀なリーダーのいるチームこそ監視が必要

頼りがいのあるリーダーは集団暴走の危険性もはらんでいます。

「3人寄れば文殊の知恵」という言葉があるように、集団での決定は個人の決定よりもいい結果をもたらすことが多くあります。しかし、団結力の高すぎる集団は、反対意見が出にくく、リーダーが、ある案を提案すると他の選択肢を探そうとしなくなる傾向があります。

能力が高く、人望もあるリーダーがまとめるチームほど、上司が目を光らせる必要があります。リーダーとこまめに情報共有を行うなど、状況を把握できるようにしましょう。

集団暴走の危険性

① 集団思考

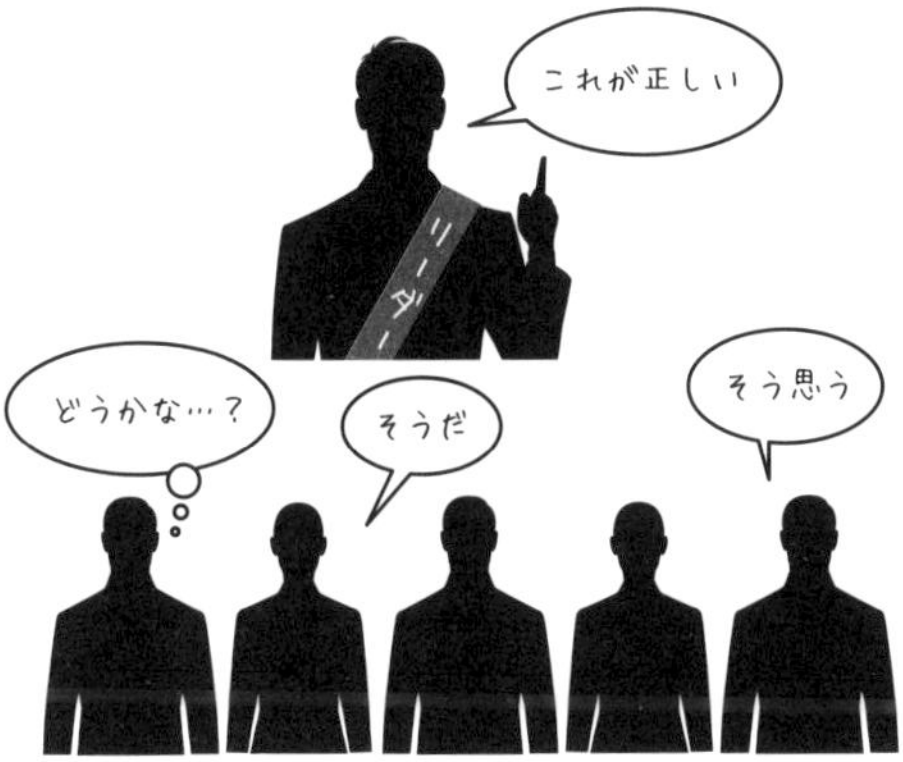

集団凝集性（p108）の高い集団が外部とあまり接触せずにいる状態では、リーダーの出す提案に従ってしまい正しい判断ができなくなる危険性が高くなります。これを「集団思考の誤り」といい、リーダーの影響力が強いほど反対意見が挙げづらくなるため、まるで全員の意見が一致しているような錯覚が生じやすくなります。

② 集団極化

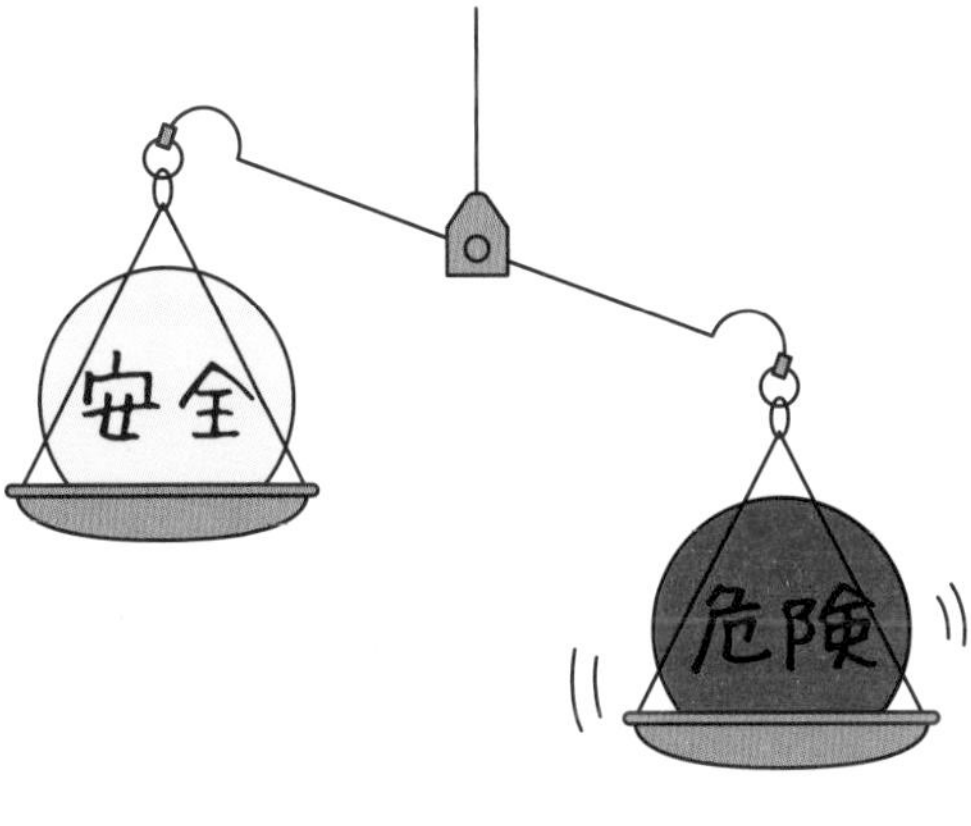

集団での決定が、個人の選択よりも極端になることを「集団極化」といいます。正しい答えが明らかでない場合に、個人の「正しいのでは」という推測が話し合いの中で「正しいに違いない」といっそう極端になります。リーダーシップや危険を恐れず進むことが「勇気ある行動」と評価される価値観から引き起こされます。

ピグマリオン効果

期待して褒めて部下を優秀に育てる

ポジティブな言葉は相手の成長を促します。

ほめて伸ばす「ピグマリオン効果」

上司や先輩などが期待することで、部下や後輩が成果をあげるようになることを「ピグマリオン効果」といいます。

上司が部下に高い期待をし、その期待が部下に伝わるように接すれば、部下はその期待に応えようと努力し高い成果を残します。逆に、部下を能力がないと決め付け、失敗ばかり責めると、部下は萎縮し無気力になったり叱責される恐れから実際に失敗が増えたりします。

相手の全てを否定する叱り方はNG

期待が高い場合も低い場合も、相手へ与える影響を考えた接し方が重要です。

外発的動機づけと内発的動機づけ

失敗を恐れて萎縮しがちな人は、仕事や課題を成功させたいという気持ちを高めることで積極性や行動力を高めることができます。

外発的動機づけ

課題を達成することで報酬がもらえたり、誰かから褒められたりすることでやる気を芽生えさせる方法です。

最初は報酬目当てに行動していたものが、やがて課題そのものに興味を持ち、達成することに喜びを感じるようになります。

内発的動機づけ

自分自身の興味や関心、好奇心などから課題に取り組みたいという気持ちを生む方法です。

外発的動機づけは次第に効果が弱まっていくので、モチベーションを維持していくには課題自体を楽しむ内発的動機づけへの移行が不可欠です。

内発的動機づけを促す3つの欲求

① 自律性
自分の意思で行動を決めたいという欲求

② 有能さ
自分の能力を使って課題を達成したいという欲求

③ 関係性
行動によって周囲から認められたいという欲求

この3つの欲求を満たすようサポートすることで内発的動機づけは促されます。

褒めても喜ばない部下は結果より過程を褒める

自信が持てない人は自分の成功を認められない傾向にあります。

自分に自信がなく、相手の言葉をそのまま受け取れないことを「抑うつ的自意識」といいます。

抑うつの傾向は思春期の中学生頃に高まり、その程度が高いと慢性的なうつ傾向になる危険があります。また、抑うつ傾向は男性よりも女性のほうが多いことも知られています。

成功回避欲求

成功すると他人から疎まれると感じ、自分の出した成果から逃げようとする現象です。
女性はかつての男性優位社会の中では、男性よりも成功すると男勝りと批判され、結婚の機会などを失うリスクが発生しました。男性でも、仕事の成功によって忙しくなることでプライベートの時間を失う恐れから、成功を回避する人もいます。

インポスター現象

自分の成功を「運がよかっただけ」「他人の成果を横取りしてしまった」と思い込む現象です。
自己評価が低い人は実力に見合ったポストを与えられても「自分にはそれだけの能力がなく、仕事を全うする自信がない」と不安に陥ってしまいます。その様子が上司には「やる気がない」と捉えられ、関係が悪化する原因になることも。

どちらも成果自体を褒められても納得ができず、かえって不安が増す傾向があります。
このタイプの人のモチベーションを上げるには結果そのものを褒めるよりも、仕事ぶりや努力を褒めるようにすると効果的です。

仕事は複数人でチェックして効率もモチベも上昇

複数人に見られることで仕事の効率が上がります。

就職面接で緊張からうまく話せなくなってしまう

面接では相手からの質問、自分が相手に返す返答の両方が非常に重要です。さらに、多くの場合、面接官は複数いるため、「全員の満足する回答をしなければ」という大きなプレッシャーがかかります。

部下のサボりぐせが直らない

上司ひとりが複数の部下を抱えて仕事をする場合、ひとりにつきっきりで仕事をチェックすることは難しくなります。そのため、監視役としての部下ひとりひとりへの影響力が小さくなり、サボりやすくなります。

このように、個人の行動に他者が与える影響（インパクト）の強さが、対象となる人の立場や人数によって変わるという考えを「社会的インパクト理論」といいます。

社会的インパクト理論

他人の影響力の方程式

❶観察者の地位、権力

大 上司、先輩 ⟷ 同期、後輩 小

❷観察者との距離

大 隣、前の席 ⟷ 別室 小

❸観察者と被観察者の人数比率

大 多数の観察者 少数の被観察者 ⟷ 少数の観察者 多数の被観察者 小

❶×❷×❸ = 被観察者への影響力

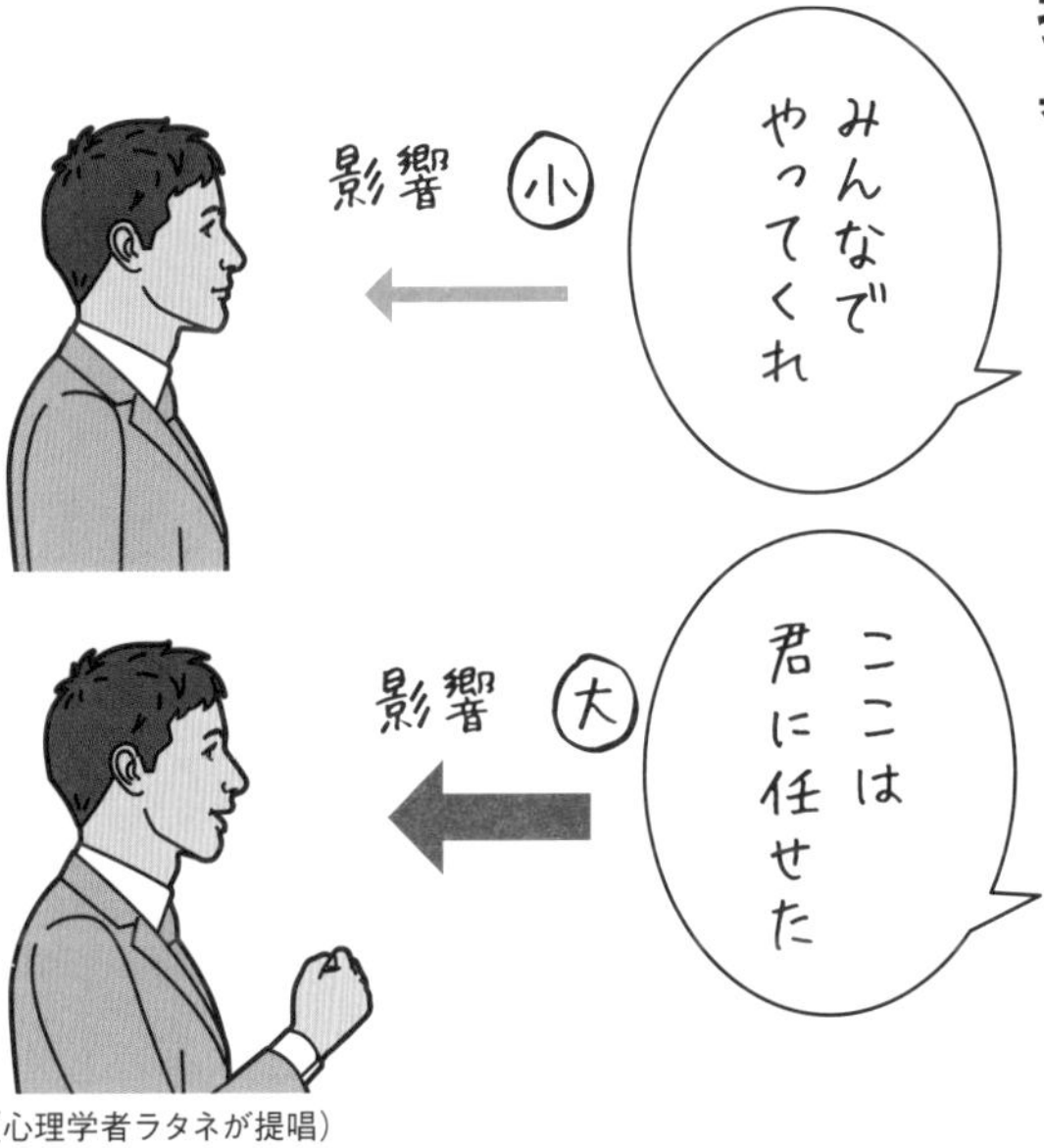
影響 小
みんなで
やってくれ
影響 大
ここは
君に任せた

(心理学者ラタネが提唱)

指示を出すときは具体的に

仕事を任されたとき、個人の仕事として言われた場合と、集団として言われた場合とでは、命令のインパクトが異なります。自分1人の仕事として与えられた方が、インパクトが大きく責任を強く感じるようになります。そして1人の先輩に仕事をチェックされるよりも、複数の人に重ねて確認される環境の方がインパクトが強いため、仕事の重要度、意欲が高まります。

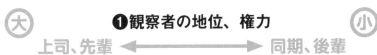

難しすぎる課題を与えても部下は伸びない

飴と鞭はバランスとタイミングを考えましょう。

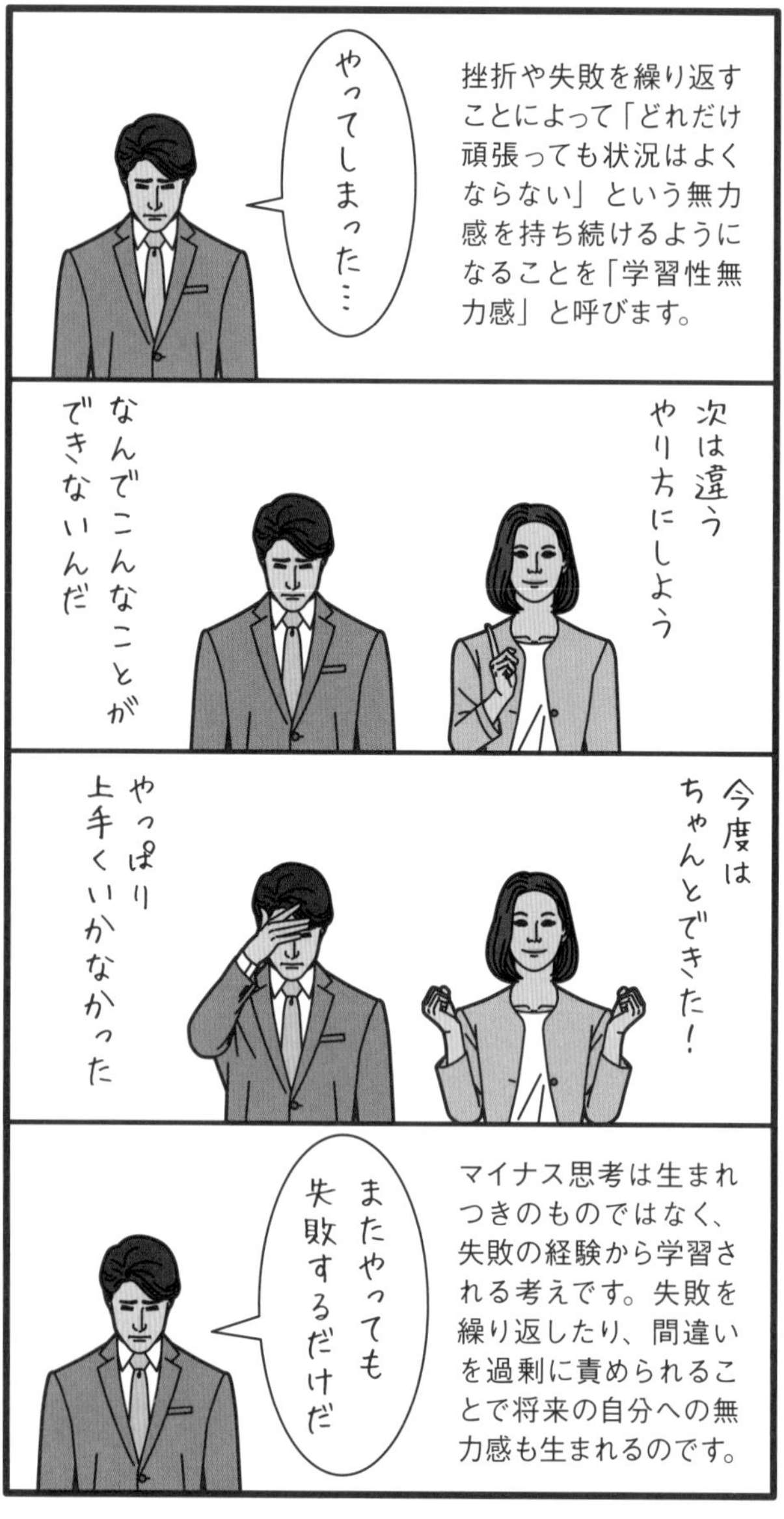
挫折や失敗を繰り返すことによって「どれだけ頑張っても状況はよくならない」という無力感を持ち続けるようになることを「学習性無力感」と呼びます。
やってしまった…
次は違うやり方にしよう
なんでこんなことができないんだ
今度はちゃんとできた!
やっぱり上手くいかなかった
マイナス思考は生まれつきのものではなく、失敗の経験から学習される考えです。失敗を繰り返したり、間違いを過剰に責められることで将来の自分への無力感も生まれるのです。
またやっても失敗するだけだ

生まれつき自分をマイナス思考と思っている人は多くいますが、失敗や挫折から生まれることが多いのです。

無力感抑うつに気をつけよう

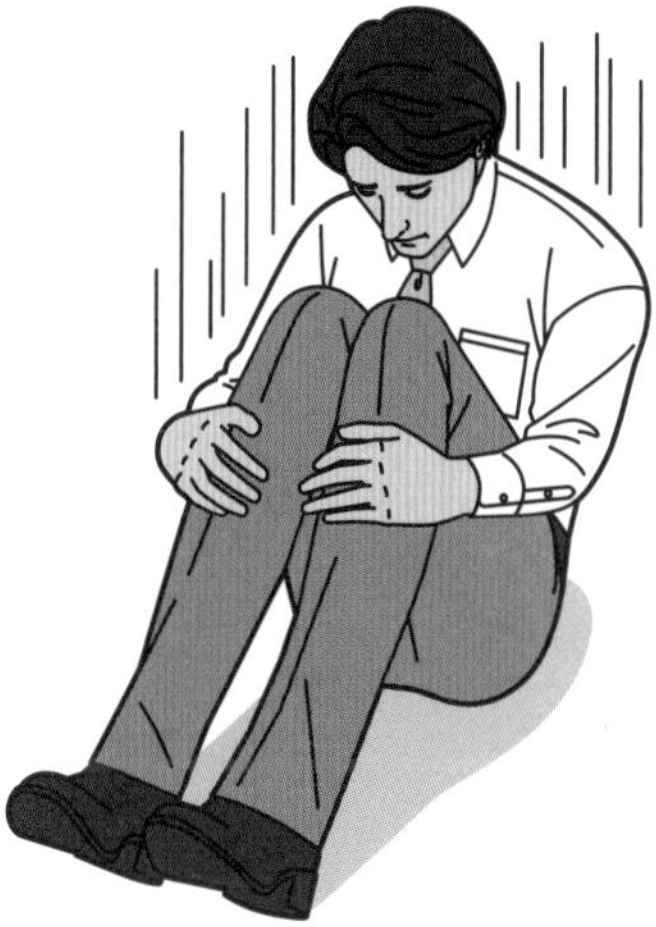

抑うつ状態とは?

気分が落ち込んだり、食欲など物事への意欲がなくなったり、悲観的な考えに支配されたりする状態のことを「抑うつ状態」といいます。

無力感が学習されると「やる気が起きない」「物事をマイナスに考える」「悲しい、むなしい気持ちが続く」「自分がいやになる」といった抑うつ状態を引き起こすことがあり、この状態を無力感抑うつと呼びます。

失敗の捉え方を変えて抑うつを防ぐ

無力感抑うつになりがちな人は、「自分が生まれつき能力が低いせい」で、「どんな方法をとっても」「どんなタイミングでも」失敗するという、状況をコントロールできないものとして考える傾向があります。今感じる無力感が一時的なものだと捉えられれば、抑うつ状態は回避できます。「何をやってもだめ」ではなく「自分でコントロールできる」「自分のせいで失敗した」ではなく「今回は運が悪かった」「相手との相性が悪かった」など、ときには楽天的な気持ちを持つことも重要なのです。

① 原因は自分にある

↓

環境や状況にも原因はある

② 何度やっても失敗する

↓

次回はどうなるかわからない

③ 何をやっても失敗する

↓

別のやり方なら上手くいくかも

社会的比較①

能力を上げたいなら自分より優秀な人と仕事を

自分より能力の高い人といることで能力が引き上げられるタイプです。

「上方比較」で結果を出す

自分より少し足の速い人と走るとタイムが伸びるように、仕事でも自分より能力の高い人と一緒に取り組むことで普段より高い成果を上げる「上方比較」という心理効果があります。

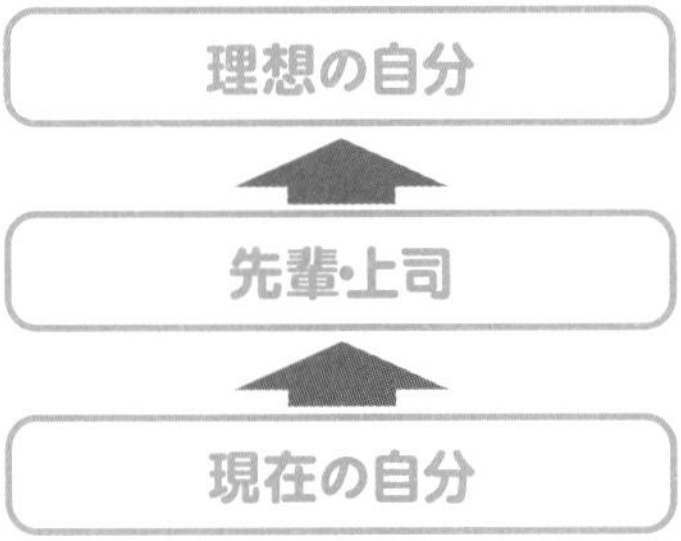

仕事に対して積極的な新入社員は、先輩や上司と組ませることで「自分もあの水準に到達できる」とより努力をするようになるのです。高い目標に向けて自分を鼓舞することができます。

自分より優秀な人と比較をすることは自分の未熟な部分に目を向けることにもなるので、意気消沈してしまう危険性もあります。自分より優れた人に近づこうという比較を行えるのは自分もその水準にたどり着けると考えられる場合だけなので、注意が必要です。

安定した心理を作る社会的比較

自信（大）

上方比較

よりよい自分を作る

自分と他人を比べることを「社会的比較」といい、自分より望ましい状態にある人と比較することでモチベーションを上げることを「上方比較」といいます。

下方比較

自分への安心を得る

自分がみじめな状況にあり、自尊感情が傷ついているとき、もっとよくない状況にある人と比べる「下方比較」をすることによって自分を肯定的に受け入れられるようにします。

自信（小）

上方比較パターン

自分よりできる同僚がそばにいる

↓

明確な目標ができる

↓

モチベーションが上がる

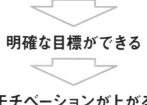

3

リンゲルマン効果

仕事は少人数制で個人の責任を大きくする

「自分1人くらい……」が効率を大きく下げる原因です。

リンゲルマン効果とは？

他の人と一緒に仕事をするとき、個人の成果が重要視されないなら「自分１人くらい手を抜いてもいいだろう」という気持ちになることを**「リンゲルマン効果」「社会的手抜き」**といいます。この心理学者リンゲルマンが提唱したリンゲルマン効果は、個人での活動が中心になっている集団ほど効果が高くなります。ただし、チームのメンバーが明らかにやる気がないなど、このままでは目標達成が難しい場合は、不足分を補うように努力量が増える傾向も見られます。

リンゲルマン効果(社会的手抜き)を低減させる4つのポイント

① 各個人の貢献度を判別する

各々が目標に対してどれだけ貢献したのか、把握できるようにしておきましょう。

② 各個人の貢献度を評価する

全員を「しっかり見ている」とアピールすることでモチベーションを維持できます。

③ メンバーの関わりを強める

予算管理やスケジュール管理など、目標に関わる作業に関与させることで、責任感が生じるようになります。

④ 目標自体の魅力を高める

目標を達成した際の報酬や、課題そのものに魅力を感じることで、手抜きは生じにくくなります。

日本人は手抜きしにくい

リンゲルマン効果には文化差があることも指摘されています。個人主義が主流の欧米に比べ、集団主義が中心となっている日本では、もともと個人の成果よりもグループ全体での達成度が重要視されていたため、手抜き効果が起きにくい傾向にあります。

スティンザーの3原則

会議で反対意見を言う人は正面に座りがち

内容だけでなく、環境にも気を配ることで話を有利に進めましょう。

会議室を選ぶ

① 開放的なスペース

距離が近く、リラックスして話ができます。ただし、通りすがりの人に話を聞かれることも。

② 閉鎖的なスペース

緊張感のある引き締まった空気を作ります。大きな資料を広げられるメリットも。

③ 応接室スタイル

議論よりは親睦を深めるスタイルです。ゆったりとくつろいだ雰囲気で話ができます。

座る位置を選ぶ

◯ 協力

協力し合うのによいポジション。サポートしてくれるサブリーダーを座らせましょう。

◯ 敵対

競争意識のある人が座りやすい。あえて賛同者に座ってもらうとよいでしょう。

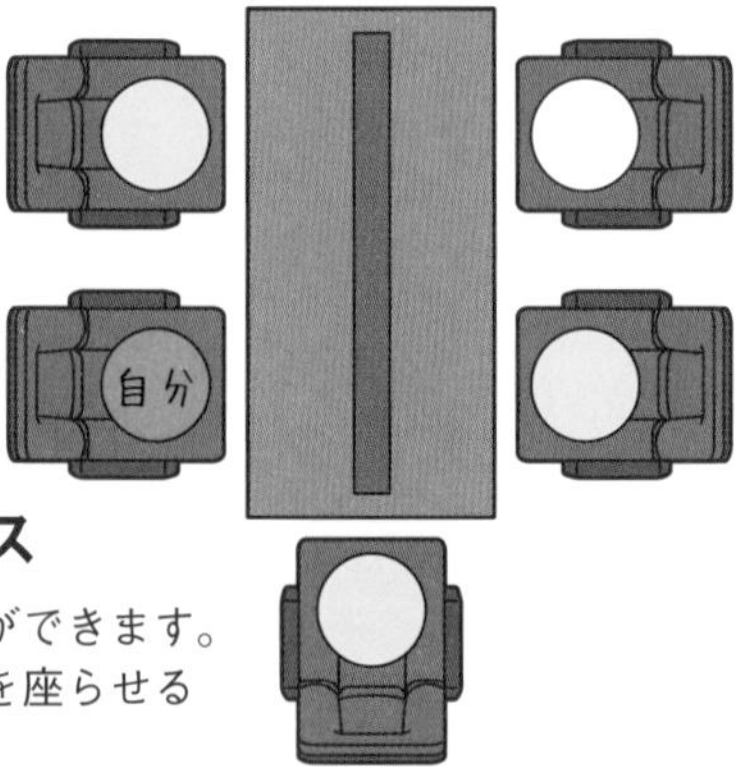

◯ リラックス

好意的に話ができます。中立派の人を座らせると効果的。

テーブルの形を選ぶ

角テーブルは座る位置によって力関係が生まれるため、リーダーシップを発揮できます。一方、丸テーブルは上座や下座は作られにくいため、参加者全員に公平感が生まれ、素直な意見が出やすくなります。また、議論を活発にさせたいときは小さめのテーブルで座る間隔を詰めたり、狭い部屋を使うと効果的です。

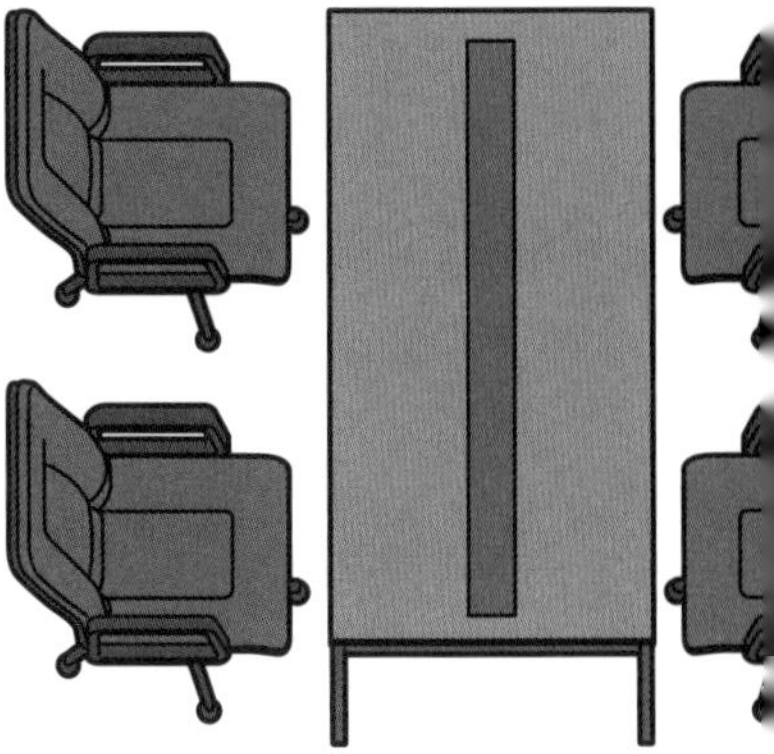

柔軟な意見を出し合うブレインストーミング

話し合いで新しいアイディアを生み出すための方法の１つで、４つの基本原則があります。

原則①批判をしない。他人の意見を批判したり、勝手に判断しない。

原則②自由奔放。全員が常識に囚われずに自由に意見を出しあう。

原則③質より量。思いついたら躊躇せずにどんどん発表する。

原則④連想する。人の意見と自分の意見を融合、発展させて新しいアイディアを生み出す。

スティンザー効果

アメリカの心理学者スティンザーは、リーダーが注意すべき会議についての３つの効果を発見しました。

①意見の対立する相手は会議でも口論相手の正面に座りたがる

②最初の意見の次にされる発言は、多くの場合反対意見

③リーダーの力が弱いときは正面同士で私語が起こり、強いときには隣同士で私語が起こる

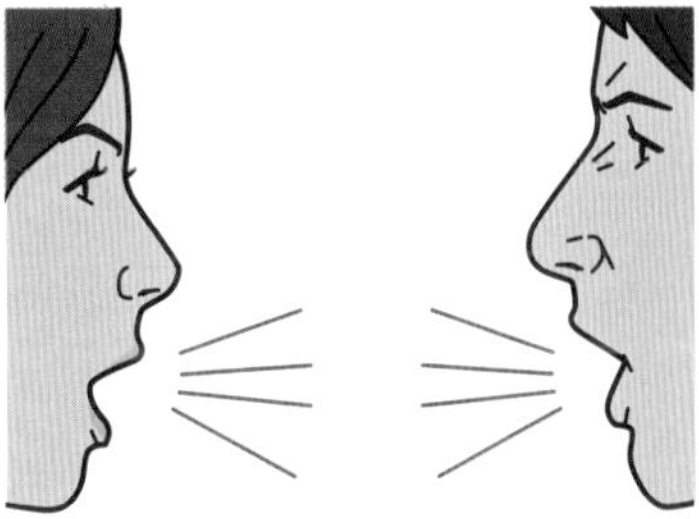

3

最初か最後のプレゼンで成功する可能性アップ

相手の印象に残りたいなら、話す順番も意識しましょう。

初頭効果

記憶に残る

選択肢の最初の部分は記憶しやすいため、選ばれやすい傾向があります。

プレゼンする内容により、よい順番は変化する

最初と最後どちらがいい？

最初がいいパターン

相手の関心が低いときは初頭効果を利用したプレゼンが効果的です。話に対する興味が薄いため、最初にインパクトを与えておかないと、最後まで話を聞いてもらえていない可能性があります。

最後がいいパターン

相手が話題に興味を持っているときは近親効果を利用しましょう。話全体を均等に受け止めている相手に強い印象を残すには、選択する直前、つまり最後に情報を発信するのがベストと言えます。

近親効果

選択肢の最後にあげられた項目は記憶に残るので選択されやすくなります。

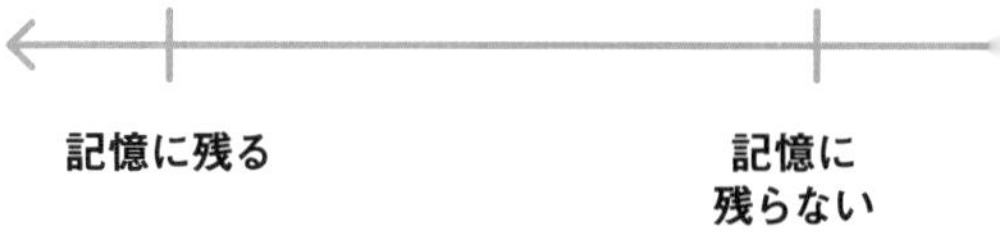

中盤は最も記憶に残りにくいため、長いプレゼンになる場合は途中で休憩などを挟んでメリハリをつけるなどの対策をしましょう。

チームで行うプレゼンは役割分担に気をつける

挨拶、つかみ役

チーム内で話術が優れた人が担当しましょう。冒頭で受け入れられやすい空気を作ることは重要なポイントとなります。

発表者

内容を一番理解し、明確な目標が見えている人が担当しましょう。

フォロー役

聴衆からの質問に対応したり、発表者をフォローします。発表者よりも立場が上の人が担当すると信頼度が上がります。

記録者

発表内容だけでなく、聴衆の反応がよかった部分、悪かった部分を記録していきます。

競争心が強い人ほど心臓病になりやすい

努力家な人ほど知らない間に体に負担をかけている危険性があります。

心臓病になりやすい
タイプA行動パターン

心臓病のリスクは身体的な特徴だけでなく、性格の傾向によっても高まるといわれており、心臓病になりやすい性格を「タイプA行動パターン」と呼びます。

タイプA傾向チェックリスト

日本ではタイプAの診断に心身医学の専門家前田聡の質問票がよく用いられています。下記の質問の各項について自分で評価し、合計点を計算してください。

	いつもそう	しばしばそう	そんなことはない
Q1. 忙しい毎日を送っている	2	1	0
Q2. 毎日時間に追われている感覚がある	2	1	0
Q3. 何かに熱中しやすい	2	1	0
Q4. 何かに熱中すると切り替えが難しい	2	1	0
Q5. やる以上は徹底的にやらないと気がすまない	4	2	0
Q6. 仕事や自分の行動に自信が持てる	4	2	0
Q7. 緊張しやすい	2	1	0
Q8. イライラしたり怒りやすい	2	1	0
Q9. 几帳面である	4	2	0
Q10. 勝ち気な性格だ	2	1	0
Q11. 気性が激しい	2	1	0
Q12. 競争心が強いほうだ	2	1	0

合計

点数が大きいほどタイプAの傾向が大きく、17点以上であればタイプA行動パターンであると診断されます。

（『図解でわかるはじめての自己分析』2003より）

タイプB

特徴 ①
非攻撃的で内向的

特徴 ②
マイペースでのんびりしている

特徴 ③
落ち着きがある

タイプA

特徴 ①
努力家で競争心が強い

特徴 ②
時間に厳しい

特徴 ③
不安を感じると攻撃的になる

タイプＡとは反対に、タイプＢ行動パターンは心理的負担の少ない、心臓病リスクの低い生き方です。

タイプC行動パターン

アメリカの心理学者リディアらが定義したのが「がんになりやすい性格傾向」のタイプＣの行動パターンです。

特徴 ①
気配りができ、自己犠牲的

特徴 ②
几帳面で真面目

特徴 ③
我慢強い

親しい同僚の成功はモチベーションダウン

近しい人の成功は、実はやる気を下げる原因にもなりかねません。

自己評価維持モデルとは？

人は自分の評価を下げないよう、周りの様子に合わせて行動や考えを変化させる傾向があります。これを「自己評価維持モデル」といいます。

自己評価維持モデル

親しい友人の成功によるモチベーションの増減例

関連深

失敗　　成功

関連浅

親しい同僚の失敗

モチベーションの上昇

仕事内容が近いほど、相手の失敗を見て「自分のほうが優れている」と感じやすくなり、自己評価が引き上げられます。

親しい同僚の成功

モチベーションの低下

嫉妬やフラストレーションが働きやすくなり、やる気の低下や相手と距離をとるようになります。

違う職種の友人の失敗

モチベーションの変化なし

友人個人への気持ちに動きはありますが、失敗を自分に引き寄せることはないので、モチベーションに大きな変化はありません。

違う職種の友人の成功

モチベーションの上昇

友人への尊敬とともにその成功を自分に引き寄せることで自己評価も高まり、「自分も頑張ろう」とモチベーションが上昇しやすくなります。

プライドを守る「サボりぐせ」

人の成功を見て仕事に対するモチベーションが低下するのは「仕事は自分にとって重要ではない」と自分への関連性を下げているためです。
成功できていない自分の自尊心が低下するのを防ぐ手段の１つなのです。
自己評価を守る手段は他にも

- 優秀な同僚と必要以上に接触しないようにして距離をとる
- 自分よりも仕事ができない同僚や後輩と親交を深める
- 一層仕事に取り組み、同僚以上の成果をあげようと自己向上を図るといった行為があります

日本人が自分を卑下しがちなのは何故？

自分自身への肯定感は心の健康に欠かせない感情です。しかし、日本人は「自分をできる限り高く評価したい」という自己高揚傾向が低く、ときには「自分はだめだ」という自己卑下の傾向が強く表れることもあります。

日本では「周りの人と結びついてより良い社会の一部になる」という考えが主流です。そのため、自分の優れているところよりも、集団の一員として不足している部分を探しがちになり、自己卑下の傾向が強くなるのです。

3

ドア・イン・ザ・フェイス・テクニック

商談は本来の目的より大きな提案から！

遠回りすることで得られる成果が上がります。

ビジネスの成功に欠かせない相手への説得には、いろいろな手法が存在します。その中でも古典的に紹介され続けているテクニックが「ドア・イン・ザ・フェイス」と「フット・イン・ザ・ドア」です。

ドア・イン・ザ・フェイス・テクニック

日本語では譲歩的要請法と呼ばれる、最初に「拒否されることを見越した大きな要請」をするテクニックです。

① **相手が拒否するに違いない過大な要請をする。**

② **予想どおり拒否した相手に、本来の目的である受け入れやすい要請をし直す。**

50万円のバッグを買いませんか？
高すぎてちょっと…

では、この5万円のものはどうでしょう？
このくらいなら平気かも…買います！

一度頼みを断ってしまったという罪悪感と、条件が小さくなったことで「譲歩してくれたからこちらも譲歩しなくては」という好意の返報性を利用したテクニックです。

フット・イン・ザ・ドア・テクニック

日本語では段階的要請法と呼ばれています。「受け入れやすい簡単な要請」から要求をつなげていくテクニックです。

① 相手が確実に受け入れられるような、簡単な要請をする。

② 受け入れられたら、本来の目的である少し難易度の高い要請を行う。

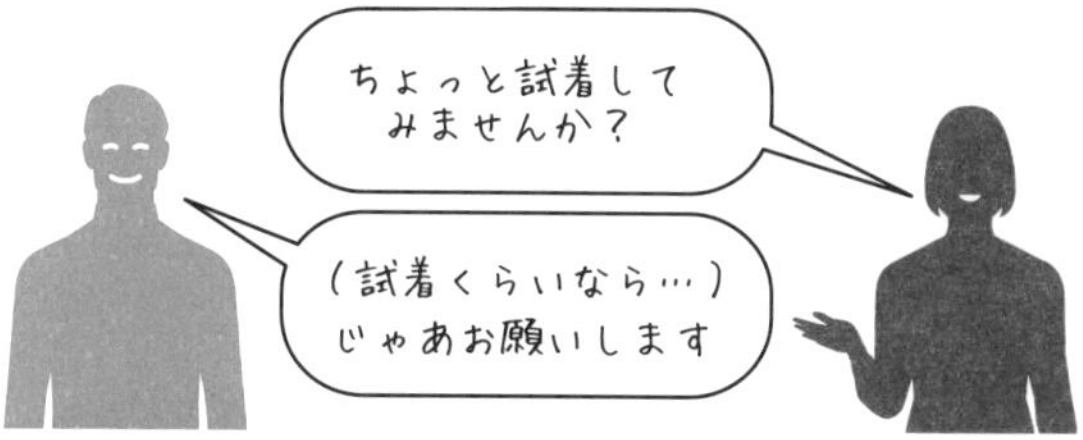
ちょっと試着してみませんか？
（試着くらいなら…）じゃあお願いします

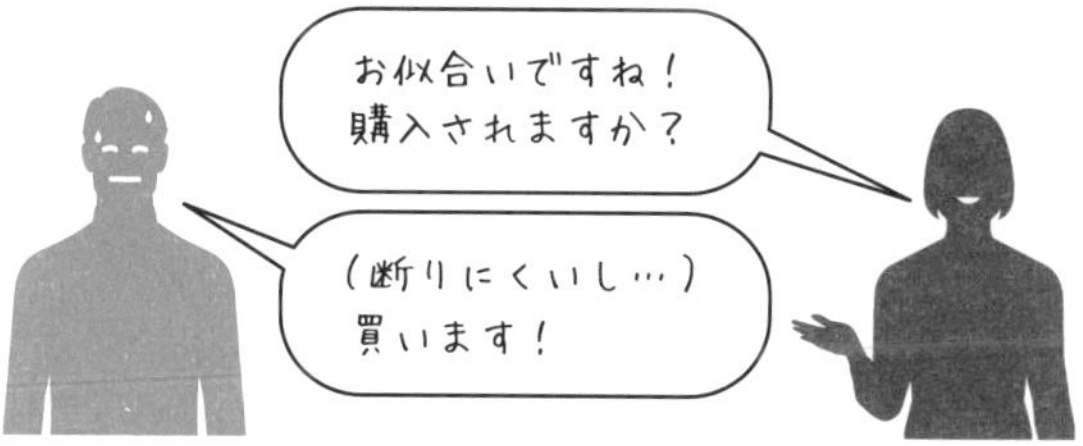
お似合いですね！購入されますか？
（断りにくいし…）買います！

「前にも同じようなことを引き受けたから」という自分の態度を一貫させたい心理（一貫性の原理）を利用したテクニックです。

親近感を演出する段階的要請法は高額商品のセールス向き

強気な譲歩的要請法は企業の合併買収などに効果的

お願いするときは詳細を隠してOKをもらう

一度「OK」と言ってしまうと撤回するのは難しいものです。

「ドア・イン・ザ・フェイス・テクニック」や「フット・イン・ザ・ドア・テクニック」と比べ、少し卑怯と思われがちな方法が「ロー・ボール・テクニック」です。

ロー・ボール・テクニック

日本語では承諾先取り要請法といい、最初に「相手にとって魅力的な好条件」を提示することで、相手からの承諾を得る方法です。

① 先に相手にとって魅力的な条件を提示する。

② 承諾されたら、提示した条件を撤回して本当の条件を出す。

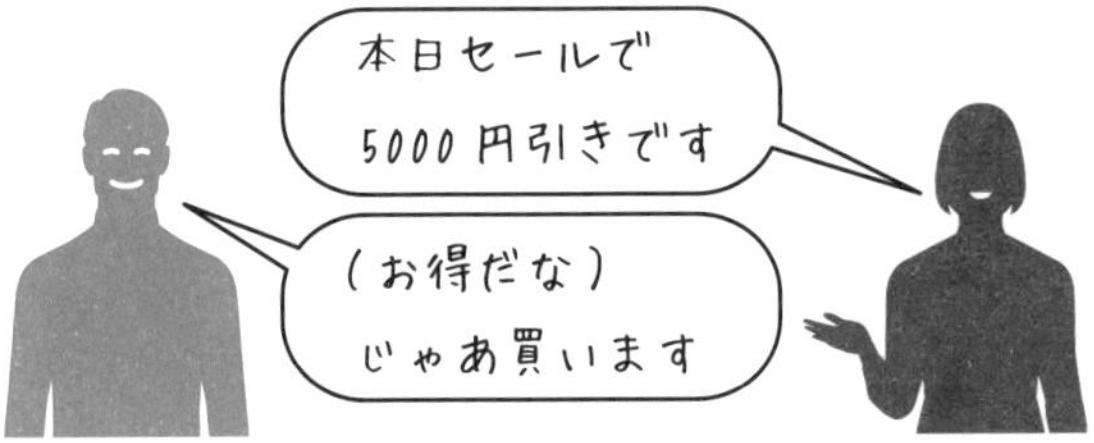
本日セールで
5000円引きです
（お得だな）
じゃあ買います

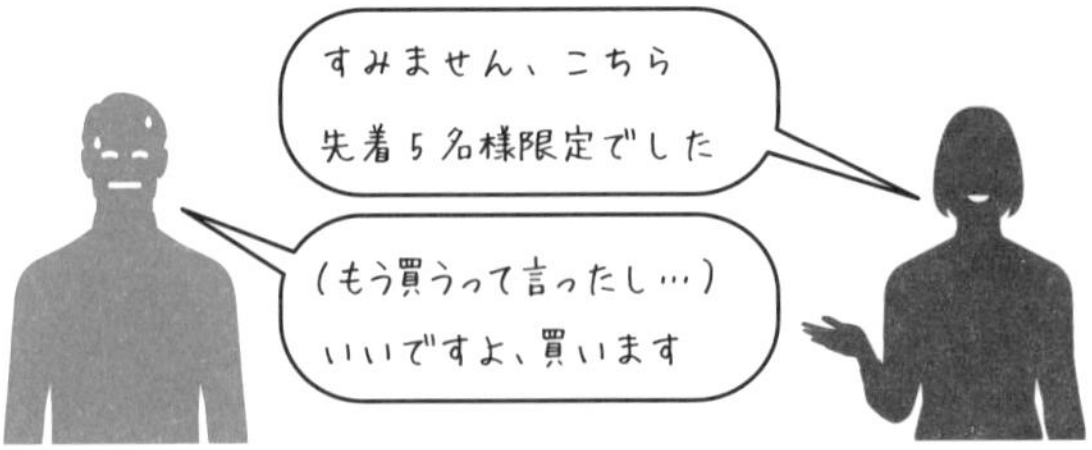
すみません、こちら
先着5名様限定でした
（もう買うって言ったし…）
いいですよ、買います

一度承諾したことで生まれた「受け入れたのに撤回して断るのは無責任だ」という義務感を利用したテクニックです。
「ドア・イン・ザ・フェイス・テクニック」「フット・イン・ザ・ドア・テクニック」と違い、相手に「騙された」という気持ちを抱かせやすい手法のため、条件を下げたと思わせない話術やフォローが必要とされます。

説得のポイント

説得には成否に影響する４つの要因があります。

①話し手要因

説得する人本人の魅力や知識の豊富さは、ほかの要因と絡んで効果を発揮します。

●相手の知識が低い場合、話し手の外見や人柄などの人間的魅力が説得に大きく影響します。

●相手の興味が薄い場合、話し手の知識の豊富さや話の専門性の高さが説得に効果を及ぼします。

②内容要因

説得のための話の内容、組み立て方は説得の本質に関わります。

●話の根拠がしっかりしているほど、説得は成功しやすくなります。

●「○○しないと損をしますよ」など、相手の不安や恐怖を煽る内容は、相手を説得に応じさせやすくなります。

●ただし、与える恐怖が大きすぎると恐喝に近くなり、説得効果は逆に減少します。

③聞き手要因

同じ話し手、同じ内容でも説得されている相手によって説得の効果は変動します。

●聞き手の知識が豊富であればあるほど、内容の専門性を重視するので、話す側の人間性には影響を受けなくなります。

●社会や集団への依存傾向が強い人ほど、「皆が望んでいる」というメッセージに影響されやすくなります。

●個人の価値観を重視する聞き手は、自分の信念やこだわりに訴えかけられると影響を受けやすい傾向があります。

④状況要因

説得が行われる場所や状況でも説得効果は変化します。

●聞き手が複数いる状態で、拍手といった肯定的な反応を示す人がいると、ほかの聞き手も話を肯定的に受け取りやすくなります。

●聞き手の話に対する理解が浅い場合、状況を変化させても説得効果はあまり変化しません。

職場で孤立する人は永遠の自分探し中

「ここは自分の居場所ではない」と心を閉ざし、今よりもよい状況を信じ続けています。

モラトリアム人間とは？

現代では、高校卒業前後から20歳前後の頃に、子ども時代を脱して大人として生きていく決断がされます。この決断を「自我同一性の獲得」といい、決断までの社会的な責任を一時的に免除されている期間を「モラトリアム」と呼びます。

モラトリアム中の自分を「半人前」と感じ、独り立ちへの願望が生まれます。そして社会への参加意欲が高まり、自分を見つめ直すことで自己を確立し、やがて自立します。

しかし、成人になっても自我同一性を獲得できず、自立できない人が増えています。こうした青年期を過ぎても社会的責任を負おうとしない、自分探しを続けている人々のことを「モラトリアム人間」といいます。

モラトリアム人間の特徴

①「お客様」意識を持ち続けて
いつまでも社会に対して責任をとろうとしない。

②将来の自分の可能性を常に留保しておくため、
特定の組織や集団に関わることを避ける。

③アイデンティティの確立で避けられない
選択を避けて「あれも、これも」と欲張る。

④社会によって責任を取ることを猶予されているという意識が薄く、
自分の立場を正当化する。

⑤友人関係でも、社会でも、一時的な関係しか持たない。

「今よりよい人生がある」という幻想

自分の可能性を確保しておきたいという気持ちが強く、特定の集団に所属するのを嫌がります。「いつかはここよりよい場所にいけるはず」と自分の多様な可能性を信じているので、職場で人間関係を築こうとしなかったり、仕事に対してもお客様意識が抜けない傾向があります。

また、何をしたいのか、何をして生きていくのかが決められないため、関連性のない資格を大量に取ったりするタイプもいます。

心理的負債

仕事上の頼み事ができる人ほど信頼できる人

「借りを返したい」気持ちがコミュニケーションに繋がります。

頼みごとは人間関係を円滑にする？

人に頼みごとをするのは相手の負担になる、と思うかもしれませんが、実は互いに頼みごとをしたりされたりする関係のほうが、頼みごとをしない関係よりも信頼関係が築けます。

頼り合いで信頼感を高める

誰かに助けてもらったとき、人は「借りができた」と感じ、無意識にその借りを返したいと思うようになります。これを「心理的負債」といい、借りを作った相手の頼みごとを断りづらくなったり、相手が困っていたら手伝いたいと思うようになります。貸し借りを繰り返すことは職場でのコミュニケーションの１つとなり、結果的にお互いへの信頼感を高める結果になるのです。

頼みごとをするタイミング

① 機嫌がいいとき

快感情は他人への援助行動を促すので、機嫌がいい人は頼みごとを引き受けやすい傾向があります。

② 作業が片付いたとき

達成感や、作業からの開放感から気持ちに余裕があるため、頼みを聞き入れてもらいやすくなります。

③ 罪悪感を抱えているとき

自分の失敗やミスを打ち消したいという気持ちから、頼みごとをしてきた人がその失敗とは無関係でも、頼みごとを受けやすくなります。

心理的負債が起こりにくいケース

能力や年齢、立場の差が大きすぎる場合、心理的負債が起こりにくくなります。

たとえば、新入社員の失敗をその教育係の先輩がフォローした場合、「役割上当たり前のこと」という考えが働き、心理的負債は小さくなります。

デスクを片付けられなければ仕事も片付かない

自分の机はオフィスでのパーソナル・スペースの役割があり、各々の個性が表れます。

デスクの散らかりは頭の散らかり

職場での数少ないパーソナルスペースの机には、自分の心理状態が反映されやすくなります。
机の上が雑然としている人は頭の中も混乱していることが多く、ミスも増えがちになります。机の整理をしながら仕事の優先順位を確認するといいでしょう。

仕切りがないと不満が溜まりやすい

最近はデスクの間にパーテーションのない開放的なオフィスも増えていますが、実は社員の不満が大きくなる傾向が。パーソナルスペースが曖昧になり、ストレスが溜まりやすくなるのです。

デスクの様子で心理がわかる

書類が山積み

常に資料や書類が山積みになっている人は「仕事をしている自分」を意識したい、自己愛の強い傾向があります。

私物が多い

仕事と関係のない人形などの私物を置く人は縄張り意識が強く、自分の時間を大事にしたいタイプの場合があります。

自分の写真を飾る

自分や、自分も写っている家族の写真を飾る人は自己顕示欲が強い傾向の人が多く、何事にも自分の意見を主張するタイプです。

常に整理されている

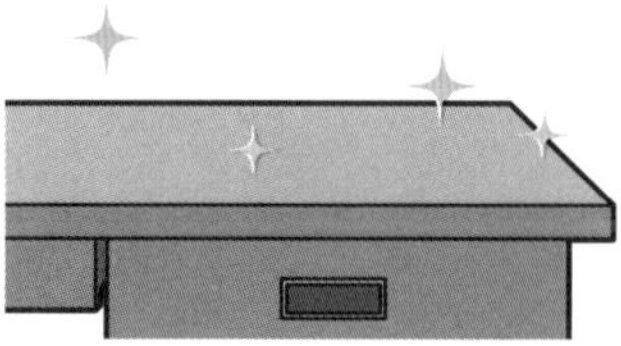

仕事に対してもしっかりしていますが、常に準備や整理をしないと落ち着かない、強迫観念の強いタイプの人の可能性もあります。

知っておきたい心理学 1

話を聞いただけで真実か、嘘か判断するのは難しいもの

一貫性のない話は嘘？

人の話を聞いているときに、内容がちぐはぐだったり「えーっとなんだっけな…」などと言葉に詰まったりすると、「もしかしてこの人は嘘をついているのでは？」と疑ってしまいがちです。ほとんどの人が話に一貫性があるかどうかで嘘なのか真実なのかを判断する傾向にあります。しかし、これは大きな誤解。

嘘をつく人は同じ話をする際に「以前ついた嘘の話」を完璧に記憶しているので、セリフのようにスラスラと話します。逆に、真実を話す人は「実際に経験した出来事」を思い出しながら話そうとするので、内容にブレが生じる場合があります。例えば、部下に10年前の成功体験を話している自分を思い浮かべてみてください。10年も前の話なので、話しながら「これは○○の開発プロジェクトのリーダーをしていた頃の話なんだけど…あ、違った、××のプロジェクトだ。それでメンバーはAとBと…いや、AとCだったかな。まあともかく…」などと曖昧になってしまう部分があるでしょう。だからといってもちろん嘘をついているわけではありません。あくまで話しながら思い出しているだけなのです。

嘘は本当に見抜けるか

そもそも嘘はそう簡単に見抜けるものではありません。本書のP50やP52で嘘をついている人の特徴について触れていますが、人が嘘を見破る確率は「65%を超えることはない」と言われています。嘘を見破る唯一の手がかりは相手の「いつもと違う様子」に気づくこと。ただし、相手と親しい関係で、普段の姿を知らない限り、誰しもが見抜けることではありません。

話に一貫性がないからといって嘘だと決めるのはあまり信頼できない判断材料だといえるでしょう。

知っておきたい心理学 2

ギャンブルがなかなかやめられない人、必見です

いつも儲からないから溺れる

ギャンブルは娯楽として楽しむなら問題ありませんが、中には依存症のようにのめり込んでしまう人もいます。ギャンブルはなぜここまで中毒性があるのでしょうか。

それはギャンブルが「いつも」儲かるわけではないからです。例えば、自販機にはギャンブル性はありません。いつ利用しても、お金を入れるという行動をすれば「ジュース」という報酬が得られるからです。対して、馬券を買ってその馬が勝ったら賞金がもらえる競馬は、馬券を買うという行動をとっても必ずしも報酬がもらえるわけではありません。しかしだからこそ、報酬の価値は上がりますし、負けても「今回はたまたま負けただけ、次は勝てるかもしれない」という深層心理になります。ギャンブルのこの「必ずしも報酬をもらえるわけではない」という部分に人を虜にする中毒性があるのです。

そのうえ一度ギャンブル行動が学習されてしまうと、なかなかやめることはできません。必ず勝てるわけではなく、報酬を得られるタイミングも決まっていないため行動の消去を行うのがむずかしくなるのです。

ギャンブル行動を消去する

改善する手段の1つに「シェーピング」という方法があります。これは「1回で使う金額を決める」など、本人がクリアできる簡単な行動から習慣づけ、クリアできなければ「使った金額を毎回記録する」などと段階的に課題の難易度を下げる方法です。最終的に「ギャンブルをやめる」という最終目標行動に近づけていくのがゴールです。

知っておきたい心理学 3

この情報が知りたかった！
それ選り好んだ情報じゃない？

探したい情報を見つける性質

こんな経験をしたことはありませんか？『好きな俳優について調べていたら、悪い情報を見た。でも、それを否定する情報も見つけたので、そちらを信じることにした』『欲しい商品があったが、買うのを迷っていた。でも商品レビューを見たらよいレビューばかりなので買うことにした』これは無意識に自分の見たい情報を探しているのです。好きな俳優の悪い情報よりよい情報、悪いレビューよりよいレビュー…このように私たちは情報を探す段階で取捨選択し、自分にとって都合のよい結論に導いてしまいがちです。何かを評価したり、判断するときに自分の考えや希望によって、正しい評価ができなくなることを心理学では「認知バイアス」と呼びます。そして認知バイアスの中でも自分の先入観によって正当な判断ができなくなることを「確証バイアス」と呼びます。

また、少ない情報から極端な結論を導いてしまう場合もあります。例えば、応援している野球チームを別の球団のファンが悪く言っているのを目撃したときに「○○のファンはマナーが悪いな」と決めつけてしまう……これは一人の行動では○○のファン全員の特徴とは言えないにも関わらず、思い込みで「マナーが悪い」という結論を出してしまっています。贔屓のチームを悪く言われて腹立たしく思う気持ちが思い込みから歪んだ結論を出してしまったのでしょう。このようなネガティブな思い込みから導き出す結論は自分自身ではなかなか気づきにくいのが余計に厄介です。

私たちは集めた情報をもとにして、最終的な結論を導き出します。しかし、思い込みは私たちの出す結論に、良い面でも悪い面でもさまざまな影響を与えます。大事な決断をするときは、思い込みを排除して偏りのない結論を導き出したいものです。

中身のよさは外見がよくないと知ってもらえません

人は中身ではなく外見が大切

「人は見た目が全て」「世の中顔ではない、中身が大事」いろいろな説がありますが、結局のところどちらが正しいのでしょうか。見た目が全てだとあまりに世知辛いような気がしますが、結論から言うと中身より外見のほうが大切です。「あの人ともっと仲良くなりたい」「もっと知りたい」というきっかけの多くは、その人の見た目の印象によって生まれます。どれほど中身がよくても、その魅力は実際に関わりを持ってみないとわからないのです。

　中身を知ってもらうためにも、まずは相手に好印象を与えられるように服装や身なりを整えて、外見を磨きましょう。

ハロー効果を利用する

外見を磨くと言っても、劇的に見た目を変えたり、おしゃれになったりする必要はありません。例えば、ワイシャツにアイロンをかける、伸ばしっぱなしの髪を整えるなどそれだけで印象は大きく変わります。

　このように、1つの特徴がその人物全体の印象として受け取られる心理効果を「ハロー効果」といいます。例えば、アイロンをかけていないワイシャツを見て「この人はだらしないんだな」と印象を持つこと。また、見た目以外にも肩書や学歴、年収などでも起こります。例えば「東大卒」という情報で本人に会う前から「有能な人」という印象を持ったり、高級ブランド品を身に着けているのを見て「お金持ちだ」と思ったりするようなことです。このように、1つの情報で本人の印象が左右されることは少なくありません。ハロー効果を利用して、事をうまく進めましょう。

知っておきたい心理学 5

人は欠点がなければ魅力的に見えない

魅力的な人のパターン

私たちはどんな人を「魅力的」だと感じるでしょう。外見が美しい人、ユーモラスな人、知的な人……魅力の基準は人によってさまざまですが、実は心理学的には完璧すぎる人よりも多少欠点がある人のほうが魅力を感じるという傾向があります。

例えば、どこから見ても知性的で、頭脳明晰、落ち着いた印象のある人が「え?こんな失敗をするの?」と思うような些細な失敗をしたら、「知的な人」という印象が崩れます。しかし、逆にその部分に親近感が湧いて、「完璧な人だと思っていたけど、案外抜けているところがあって親しみやすいな」などと好印象に変わる効果があるのです。そのほかにも例えば「外見が美しい人」が大雑把でガサツだったり、「上品な人」が冗談が大好きだったり……このような一見欠点に見えるようなギャップがあると、私たちは一層その人を魅力的だと思う効果があります。

見た目のよさは全てを隠す

また「外見が美しい人」は内面も魅力的な人だと判断されやすい傾向にあります。見た目の美しさは見た目とは関係ない要素の評価も高める効果があり、「性格がよさそう」「頭がよさそう」などのプラスの印象を与えやすくなるのです。

さらに、見た目の魅力は本人だけでなく、パートナーなど関係者にもプラスの効果をもたらすこともあると言われています。アメリカの心理学者ギーゼルマンは、「美人と評価される人のパートナーは、外見的な魅力の少ないパートナーに比べて高い評価をされやすい」と述べています。

「人は外見で判断してはいけない」とは言うものの、外見が良ければ人の印象は大きく左右されるのが実のところです。

知っておきたい心理学 6

上司が白といえば黒くても白くなる!

嫌われるのが怖くて同調する

常識的に考えて無理な仕事を振られたときに、無理だと思っていても上司の指示ゆえに体にムチを打ってでも引き受けてしまう、なんて経験をしたことはありませんか? 会社などの集団の中では、「これは間違っている」と確信が持てることでも、つい相手に従ってしまう傾向にあります。

自分にとって嫌なことや不都合なことでも、周囲に合わせて行動してしまうことを「同調行動」といいます。「嫌なら最初から断れば?」と思うかもしれませんが、この同調行動は「断ることでみんなに嫌われたくない」という思いから起こるのです。

同調圧力に屈しない

また、人は他人と敵対しきれずに周りに同調する傾向を持っています。集団の中では少なからず「周りと同じであること」への圧力があり、行動や考えを周囲の基準に合わせようとするのです。例えば、有給休暇で考えてみましょう。有給休暇は心身の疲労を癒すために労働者に認められた権利です。しかし中には、「みんなが働いているんだから有給休暇は取るべきじゃない」なんて暗黙のルールのある職場もあります。「有給をとったら周りからひんしゅくを買ってしまうかも」という気持ちから、社会的に認められた権利に同調圧力である暗黙のルールが勝ってしまうのです。

こうした同調行動は、男性よりも女性に、社員同士の団結力が高い会社ほど多く見られる傾向があります。いくら社員同士の結びつきが強くても、できることなら一人一人の声が通る、クリーンな会社で働きたいものですね。

知っておきたい心理学 7

自分にとってつりあいの取れる相手こそ恋愛相手になる

共通点が多い人ほど長く続く

同じ映画が好きで仲が良くなり恋人になったなど、趣味や価値観が近い人を好きになった経験はありませんか？ この現象は「つりあい原理」と呼ばれ、趣味や生活環境、価値観などが近い人に魅力を感じ、好きになりやすい傾向があります。

なぜ、相手と似ていることが魅力に繋がるのでしょう。この現象は自分の考えと異なるものが現れたときに感じる「認知的不協和」という心情と関係しています。例えば、自分が賛成していることに反対意見が出たら、自分が本当に正しいのか不安な気持ちになりますよね。自分と考えや価値観の近い人であれば、こうした不快感や不安を感じにくくなるので、心地よく過ごしやすい関係を築くことができるのです。

このつりあい原理は、趣味や価値観だけでなく見た目などの魅力や社会的地位にも影響されます。頭がよく社会的地位が高い仕事をしていたり、見た目が美しかったりすると、それだけたくさんの人からアプローチされます。その中からパートナーを誰か一人選ぶとしたら。もちろん個人の好みもあるでしょうが、やはり自分と同様に魅力の高い人が選ばれるのは自然なことでしょう。

似ている相手ほど惹かれる

長く付き合っていると、好きな食べ物が似てきたり、考え方が同じになったりすることも多いものです。これは価値観を共有して一緒に長い時間を過ごす中で二人の考え方が似てくるため起こります。

第一印象で共通性がなくても、長い関係の中で似た部分が増え、繋がりが深まっていきます。そうやって付き合いが長くなる分、やがてお互いを補い合うような関係に発展し、繋がりを続けることが関係の満足感を高めて、双方によい影響を与えるのです。

知っておきたい心理学 8

つくり笑いは場の空気を盛り上げるけど無理は禁物です

つくり笑顔が疲労感をアップ

ぶすっとした人よりも、つくり笑いでもにこやかな人と会話をした方が楽しいもの。「早く話を切り上げたいな」と思っても、表情に出して仏頂面で会話をしては社会人失格です。

つくり笑いは、マイナスなイメージを抱かれることもあります。しかし、つくり笑いをすることで脳が勘違いをして本当に楽しい気持ちになる効果もあります。また、私たちは失敗したとき苦笑いをしたり恥ずかしい思いをしたときに照れ笑いをしたりと、喜びを表現するとき以外にも「笑い」を使います。このような笑顔は、笑いの表情を作ることで抱えているストレスを軽減したり、相手によい印象を与えたりする動作なので決して悪いことではありません。

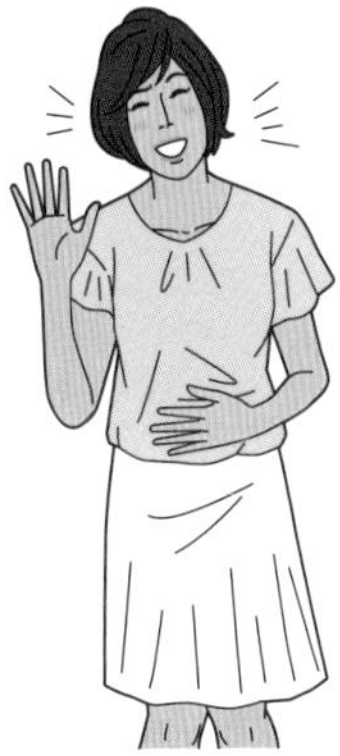

社会人のマナーとして場の空気を盛り上げるためのつくり笑いは必須ですが、本当の感情と実際に表現する感情のさが大きいことに疲労を感じるいわゆる「感情労働」には注意が必要。つくり笑顔でも、自分が好意を持っている人よりも、苦手な人に向けるつくり笑顔の方が心にかかる負担は大きくなります。また、仕事が忙しいときの接客対応や疲れているときの会話など、本来の感情と表現するつくり笑いのギャップが大きくなるほど、楽しい気持ちになるどころか心が疲れていってしまうのです。ギャップによるストレスにより、コミュニケーションそのものが嫌になってしまうこともあります。

みんなが楽しい気持ちで過ごしていくためにもつくり笑いは身につけたほうがよいマナーです。しかし、常に笑顔でいようとするのではなく、つくり笑いをするタイミングを決めたり、自分が無理をしていることをそれとなく伝えたりと、適度に肩の力を抜いてあくまで無理をしすぎないことが大切です。笑わない時間も心のためには必要なのです。

知っておきたい心理学 9

私には無理と嘆くよりも挑戦できるポジティブになる

ポジティブ幻想で心の健康を

「どうせ私なんて……」「私にはきっとできない……」と何かと自分を下げていませんか？　謙遜が美徳とされる日本では自尊心の高い人は敬遠されがち。しかし、マイナス思考でウジウジしている人よりも、自尊心が高く明るい人のほうが周りから評価されるのもまた事実。自尊心の高い人は、人と積極的に関わることができて人生の満足度が高いのです。

一方、あまりにも自尊心が低い人は「私は必要とされていない」という鬱々とした気持ちから抜け出せず、メンタルの不調を起こすこともあります。心を健やかに保つためにも、自分を肯定することが大切なのです。

自尊心といえば、アメリカの心理学者のテイラーは自尊感情を高く保つために自分自身を過剰に肯定的に捉える「ポジティブ幻想」概念を提言しました。自分自身を「私はなんだってできるんだ！　能力の高い人間なんだ！」というように過大評価して自尊心を高く持つという考え方です。一部では現実とのギャップに苦しむことが多いことから、あまり肯定的にとらえられている考え方ではありませんが、成功するためには必要な面もあります。

「自分にはたくさんの長所があってなんでも順調に進むんだ！」というポジティブすぎる考え方を持つことで、人は失敗を恐れずに積極的に生きることができます。これは本人が意識的に行うのではなく、無意識の行動であるため、より物事をポジティブにとらえ、信じて生きていくことができます。

あまりに行き過ぎると、自分自身を客観視できず、身を滅ぼしかねない「ポジティブ幻想」ですが、ストレスから身を守ってポジティブに生きるための薬として活用するのはひとつのよい方法です。心の健康のためにも、ある程度の自尊感情を持つとよいでしょう。

知っておきたい心理学 10

高いものほど買いたくなる人間の深層心理

高い＝品質の良さをアピール

近年、ファストファッションやプチプラアイテムなど、手軽に購入できる商品が人気です。一般的に価格が高くなるほど売れにくくなりますが、物によっては「安い物よりも高いものを」と逆の心理が働く場合もあります。

ブランド物のバッグや時計などの値札を見たときに、あまりの値段の高さに驚いた経験はありませんか？　この値段設定は威光価格と呼ばれ、「安いものは粗悪品、価格が高いものほど価値がある」という消費者の心理を応用して設定されています。自分では価値の判断が難しい時計やバッグに付けられることが多く、あえて価格を高く設定することで、商品が高品質であること、そのブランドの独自性や高級感を示しているのです。

端数の方が安く感じる

上で紹介したのは主にハイブランドで使われるテクニックですが、身近なスーパーやドラッグストアなどの値段設定にも消費者心理は応用されています。

例えば、皆さんは５９８円の商品と６００円の商品が並んでいたらどちらを手に取るでしょうか？　５９８円と６００円は2円しか違わないとわかっていても、つい５９８円の商品に手を伸ばしてしまう人も多いのではないでしょうか。これは「端数価格」と呼ばれる値段付けのテクニックです。３９８円や１９８円といった端数にすることで、４００円や２０００円といった切りのよい数字より安いと感じさせ、購入を促します。このように私たちの普段の生活の中でも、より購買意欲を上げようと心理学が活用されているのです。

参考文献（刊行順）

大山正、他『心理学小辞典』有斐閣　１９７８
セイモア・フィッシャー『からだの意識』誠信書房　１９７９
安藤清志『見せる自分／見せない自分――自己呈示の社会心理学』サイエンス社　１９９４
今田寛『学習の心理学』培風館　１９９６
工藤力『しぐさと表情の心理分析』福村出版　１９９９
黒川隆夫『ノンバーバルインタフェース』オーム社　１９９４
詫摩武俊、他『性格と対人関係』ブレーン出版　２０００
大坊郁夫『化粧行動の社会心理学』北大路書房　２００１
齊藤勇『人間関係の心理学』ナツメ社　２００２
古畑和孝、他『社会心理学小辞典』有斐閣　２００２
深堀元文『図解でわかる　心理学のすべて』日本実業出版社　２００３
榎本博明『図解でわかる　はじめての自己分析――いまの自分が見えてくる心理学』日本実業出版社　２００３
無藤隆、他『心理学』有斐閣　２００４
坂本真士『はじめての臨床社会心理学』有斐閣　２００４
中島義明、他『新・心理学の基礎知識』有斐閣　２００５
箱田裕司、他『嘘とだましの心理学』有斐閣　２００６
齊藤勇『見た目でわかる　外見心理学』ナツメ社　２００８
岡田斉『心理学理論と心理的支援――心理学』弘文社　２００８

渋谷昌三『面白いほどよくわかる！心理学の本』西東社　２００９

西垣悦代『発達・社会からみる人間関係―現代に生きる青年のために―』北大路書房　２００９

W・ミシェル、他『パーソナリティ心理学――全体としての人間理解』培風館　２０１０

渋谷昌三『面白いほどよくわかる！他人の心理学』西東社　２０１２

齊藤勇『面白いほどよくわかる！職場の心理学』西東社　２０１３

渋谷昌三『電車の中を10倍楽しむ心理学』育鵬社　２０１４

齊藤勇『今日から使える　行動心理学』ナツメ社　２０１５

マンガ／藤井昌子

イラスト／内山弘隆

カバーデザイン／中村たまを

デザイン／株式会社遠藤デザイン（遠藤嘉浩）、中村たまを

編集制作／バブーン株式会社（茂木理佳、矢作美和）

監修者略歴

齊藤　勇（さいとう　いさむ）

1943年、山梨県に生まれる。文学博士。1972年、早稲田大学大学院文学研究科博士課程修了。カリフォルニア大学留学。現在、立正大学名誉教授、日本ビジネス心理学会会長。

著書に『図解　見た目でわかる外見心理学』（ナツメ社）、『面白いほどよくわかる！職場の心理学』（西東社）、『図解　心理分析ができる本』（三笠書房）など多数。

＊本書は2016年初版発行『本音を見抜く心理学』の内容の一部と装丁デザインを変更した改訂版です。

本音を見抜く心理学　改訂版

2023年12月15日　初版発行

監修者　齊藤　勇

発行者　富永靖弘

印刷所　誠宏印刷株式会社

発行所　東京都台東区台東２丁目24　株式会社　**新星出版社**

〒110-0016　☎03（3831）0743

ISBN978-4-405-09716-2